世界纷杂，
要和对的人相爱

fall in love
with your Mr. Right

烟波人长安 著

江苏凤凰文艺出版社
JIANGSU PHOENIX LITERATURE AND ART PUBLISHING, LTD

目录

NTENTS

CHAPTER 02

渣男博物馆

目录

CONTENTS

CHAPTER 03

失恋症候群

NTENTS

CHAPTER 04

恋爱补习班

序

大概两年前，和几个朋友一起吃饭，吃到一半有人问我："现在很多写东西的人都开微信公众号，你为什么不开啊？"

我很真诚地回答她："不知道该写什么……"

朋友："……你擅长写什么？"

我："我的书不是给你寄过一本吗？"

朋友："哦，我扔了……不是！"她强行按下我拿起水杯的手，"没有扔，送给我表妹了，她特别喜欢，说从那本书的故事里面看懂了很多恋爱的道理。"

她略一迟疑，猛地拍了一下桌子："你可以写一些文章，教大家怎么谈恋爱呀！"

另一个朋友帮腔："对啊，你看你是从恋爱一路走进婚姻的，从我们这儿骗故事也骗了不少，算是很有经验了。"

第三个朋友继续帮腔："你还可以教妹子们怎么分辨渣男，你好歹

（我：？）是男生，对男性的心态，懂得更多一些。”

被他们这么一夸，我反而有些不好意思。

正好那段时间，我自己也有一些感情上的困惑，就权当是帮人先帮己。毕竟，很多事情，写下来的过程，可以慢慢想明白。

于是后来，就有了“烟波”这个公众号。

本来是想直接叫“烟波人长安”的，但有规定，涉及地名的，个人号不能用。

我又是个很懒的人，就干脆化繁为简了。

到现在，“烟波”开了不到两年，三天打鱼两天晒网的，也写了不少东西。

如果按照“一夜爆红”这个标准来说的话，很惭愧，我大概不及格。

如果按照“被很多人知道”这个标准来说的话，有点儿小骄傲，因为时不时地就会有人在各个社交渠道上喊我：哎呀，原来你就是那篇《×××××》文章的作者！终于找到真人了！

有时候我还会很开心，尤其是有些读者真的会来跟我说，从我第一本书以来，她一直在看我写的东西，给了她很多启发，现在她遇到了真心相爱的人，已经准备要结婚了。

我是不是不小心夸了一下自己？

都是真事儿啊，都是真事儿。

最早开始写情感故事的时候，我就说过，故事也好，道理也好，鸡汤也好，写这些东西，初衷就是想帮大家看清感情的真相，希望每个人都能和心爱的人，好好在一起。

后来有人问我，你的初衷实现了吗？

我仔细想了想，如果算上我的两个好朋友，那我促成的恋爱，差不多也有十几对了，虽然这归根结底都是他们个人选择的结果，我充其量算是在后头踹了他们一脚，但这么想的话，我的初衷，大概是实现了吧。

于是朋友来找我，想把我写过的这些东西整理一下，做成一本恋爱主题书的时候，我没有拒绝。

所以就有了你现在在看的这本书。

说实话，写这篇序的时候，我们还在纠结书名应该定哪个，后果就是，我也不知道，在翻开这本书之前，你对它究竟有什么样的期待。

如果你希望看完书就能捡到一个男朋友，那你估计会失望。

如果你希望看完书就能马上解决你的婚姻大事，那你估计会失望。

如果你对恋爱有些疑惑，对感情有些失去信心，想知道那个天天撩你的人是不是真的喜欢你，那个经常忘了回复你信息的男朋友该不该分手，想知道吵架的时候男朋友都是怎么想的，想知道恋爱最重要的是什么，想知道什么时候才能收获属于你的爱情、是不是要继续等下去，那恭喜你，你应该是来对地方了。

当然，我不保证我说的都是对的，我这么腼腆的人，也不可能拍着胸脯跟你保证：看了这本书你就知道该怎么谈恋爱了！

我经常在公众号、微博免费替人解答一些问题，做一些简单地咨询，我发现，对大多数人来说，他们心里不是不明白，只是需要有那么一个人，可以帮他们说出他们想说的那些话，帮他们厘清那些困顿的思绪，一旦厘清了，接下来该怎么做，他们自己就知道了。

我所做的，其实就是这么一个角色，这本书能做的，也就是这么一件小事。

书还在筹备的时候，编辑大人过来问我，如果让我用一两句话来形容这本书的核心，应该是什么。

我稍一迟疑，说：

“帮大家在这个七嘴八舌的社会中，捡起独立思考的能力；在这个纷繁杂乱的世界里，要和对的人相爱。”

我不知道我是不是能做到，我说了也不算，这要由看书的人来决定。

但只要能有那么一两个篇章，能有那么一两个瞬间，可以让你有恍然明白的感觉，那我想，我坚持到现在的事情，就是有意义的。

CHAPTER 01

情话质检室

“他究竟喜不喜欢我？”

聊骚和爱情是两码事

有个朋友着急忙慌地找我："长安，出大事儿了！"

我当时正看着我家猫上蹿下跳地咬我的窗帘，随手回："什么大事儿啊？"

"就是有个人，男的，上周还和我聊得好好的，"朋友说，"可他昨天突然发朋友圈，说自己恋爱了！"

"我是不是被骗了？"朋友问。

我有点儿愣神。"你们不是就聊聊天么，怎么就被骗了？"

"不是啊，"朋友说，"我们之前聊得很多，他一直很关心我，每天都和我说晚安，还会说一些……暧昧的话，感觉应该是喜欢我的，结果一下和别人恋爱了，不觉得很奇怪吗？"

我心说这有什么奇怪的？

你以为你是和他单聊，可他那边其实同时开着十个窗口，哪个聊成了就是哪个呗。

这段话发过去，朋友回了个惊讶的表情。"不会吧？"她又问。

“他明确说过喜欢你吗？”我反问。

“……他夸我好看，说我善解人意。”朋友说。

“你好好看看我的问题。你帮小区楼下的保洁阿姨捡个垃圾，阿姨也会这么夸你的。”

朋友又仔细想了想，说：“好像没有明确说过。”接着又问：“一定要明确说吗？”

对啊。

他既没说过喜欢你，也没说过要追你，说明他只是单纯地想撩一撩你，或者单纯地觉得你好看，不聊聊天就浪费了，顺便看看你是不是容易得手，有没有可能往下发展。

说得邪恶一点儿，没准儿也想找个机会，把你睡了。

反正也没走心，那聊一个和聊十个，有什么区别？

朋友沉默一会儿，说：“感觉不像啊，他回复特别快。”

……就不允许别人打字手速快吗？

之前还有一个朋友，也是类似的状况。

她公司有个男同事，有段时间忽然一直主动找她说话，中午叫她一起吃饭，他们俩上下班有段路顺路，他下班还约她一块儿走。

朋友平时以为自己不是那种很吸引人的类型，男的素质也不差，难免有些惊喜。聊得多了，男的也会说些调情的话，比如看到手机就想起你、做梦梦到你之类的。

慢慢地，她看着手机里他的讯息，都会微微带笑。

结果有一天，这个男的再也不主动找她了。她找他聊天，他也很少回应。

朋友有点儿失落，问："我是不是说错了什么？他为什么不找我了呢？"

很简单，他找到新的目标了啊。

这个目标要么比你好看，要么和你差不多，或者不如你好看，但容易得手。

于是你就秒变路人了。

朋友不信，说那些话是随随便便就可以说出口的吗？

那点儿话有什么不好说出口的？

不就是看到手机就会想起你么，不就是做梦梦见了你么，又没有做出什么承诺，也没有付出什么真心，根本就没有丝毫压力。

他先接近你，给你一个信号，但又不明说，恰到好处地悬起你的心，让你觉得他好像是在追你，可是迟迟没有下一步行动。你觉得他应该是喜欢你，但你自己也不确定，不和他这样聊天的话，又担心错过一个喜欢你的人。于是辗转反侧、纠结煎熬。

这个过程，我们通常称为"聊骚"。

曾经有人问我，为什么很多男的都喜欢聊骚？

因为聊骚没有成本。

请吃饭要花钱，看电影要花钱，送东西也要花钱。他们又不傻，加个微信，有事儿没事儿聊两句，对方没有反应，换一个，总有一个愿意聊的，开了话匣子，这就成功了第一步。

第二步嘘寒问暖，第三步询问工作和生活状况，第四步寻找共同话题。

心情不好的时候给你送上安慰，遭遇挫折的时候给你发来鼓励。

再往下，聊得露骨一点儿，试探你的反应。

不说喜欢，只谈好感，好感这东西就虚幻了，普通朋友之间叫好感，闺密之间叫好感，甚至同事帮忙倒杯水，也算是好感。

和你聊，就能和别人聊，反正漫漫长夜，时间那么多。有一个聊得差不多了，十拿九稳，其他的就不管了。

这就是为什么有的人聊着聊着，就没消息了。

刚才说的第一个朋友，后来还问我，男人可以同时对好几个女人动情吗？

谁说他动情了？

他只是试探而已。要是真的动情了，是不会突然放弃的。

社会长期的既定习惯，以及大自然长久以来形成的法则，决定了男性在一段关系的形成期，永远占有主动权。

是，最终的选择权确实在女性手上，但这种选择是被动的。有十个男的追你，你就有十种选择，只有一个男的追你，那你就只有一种选择。

现在很多女孩开窍了，懂得先下手为强，看到喜欢的男生，说追就追。

但大的层面上，事情的本质并没有发生变化。

不要觉得有些男的看起来蠢蠢的，不会聊天，就以为他们是弱势群体。

就好像有个男的试图撩你，天天追在你屁股后头让你给他发自拍，要不然就是“你注意身体啊，我也没法儿照顾你”，是不是看着特别傻、特别没脑子？

可是从另一个角度想，他因为你好看就撩你，同样可以去撩别人，你不吃这一套，不代表别的女孩不吃啊。

他撒一张大网出去，有一个上钩的，就赚了。

同样的道理，另一个男的撩你，你觉得他说话特别风趣，情商特别高，偶尔说些暧昧的话，你就打算陷进去了。

没准儿他在别的女孩那儿，也是碰了一鼻子灰的。

那怎么判断他是真情还是假意？

一方面，只要他不明确说“喜欢”这两个字，一概不算数。

另一方面，可以从其他途径多了解一下他。

没事儿多看看他的社交网络账户，微博、微信、朋友圈，在上面了解他的说话方式、他的生活习惯，就当和朋友互动，花不了多少工夫。

他总会有朋友，总会有熟识的人，实在不行，你主动约他出来，毕竟用手机聊天总归还是知人不知心，而见几次面，吃几次饭，则能看出很多东西。

只要你是真的想好好谈个恋爱，那做点儿前期准备，是不会浪费时间的。

口头上的暧昧不算数。不要看一两句情话，就稀里糊涂上船了。

不多了解一下，你甚至连他是不是单身，都不知道啊。

如果有个男的天天找你聊天，有一天突然不聊了，也不用伤心。

就当少了个说话的人。就当用这段时间的相处看清了一个人的虚情假意。就当自己逃过一劫，还有机会和更好的人相遇。

将来会有那么一个人出现，不和你玩儿这些套路，直截了当地说喜欢，说他想和你在一起。

到那时你就会明白，“聊骚”和“真爱”之间，究竟有多大的差距。

这几句话的意思是，
他不喜欢你

有段时间总是收到一类问题，虽然题面不一样，但本质上都差不多。

比如有人问我，“他说他想先打拼事业，那我还有没有机会？”

又比如有人问我，“他说我们先保持朋友的关系，是不是意味着我还有机会？”

以及还有人问我，“他说需要考虑考虑，我肯定是有机会的吧？”

我能说什么？鼓励人从来不是我的长项。

我只能狠狠心，回答，不好意思，没有了。

我都能想象这些女孩的样子。她们小心翼翼地、胆战心惊地、心里又紧张又喜悦地，假装开玩笑一样和对方说：“要不我们干脆谈恋爱得了。”

然后在收到对方的回复后，又皱着眉头，抱着手机，成宿成宿地琢磨，“他说这话是什么意思呢？”“他到底喜不喜欢我？”

这种事情发生的前提，是你们一直聊得很亲近，见过几次面，吃过几次饭，你觉得你愿意和他在一起，他好像也不讨厌。

暧昧到了一个你受不了的节点，你觉得好像就差捅破那层窗户纸了，但是他一直不捅。

于是你大着胆子去试探。

之后呢？

之后他却给了下面这几种回复——

“我需要思考一段时间”

我很讨厌这句话。

有什么好思考的？喜欢就是喜欢，不喜欢就是不喜欢。

思考，反而说明不喜欢。

因为喜欢是不需要思考的。喜欢的反应应该是一蹦三尺高，说“好！我们在一起吧”。

或者轻描淡写地说，“好啊”，其实心里已经乐开了花。

就好像有人问你，晚上想不想吃水煮鱼？

如果你真的想吃，你肯定会说想啊你请客吗我可以点几盆？！

如果你犹豫了，可能那个时候，小龙虾大闸蟹烧青口……一个海鲜军团正在你脑子里盘旋。

而且“我需要思考一段时间”很容易给人一种错觉。

——他说了要思考了，那过段时间，是不是就答应了？

其实不是。大多数情况，是没有答应。

为什么?

因为他不喜欢你。他思考的，是怎么在不打击你的前提下，明确地拒绝你。

“我还没准备好开始一段感情”

什么时候恋爱都需要热身了？你是烤箱吗?

我从来没有见过一段感情，是双方都“准备好了”之后才开始的。

喜欢，意味着不顾一切，意味着忘乎所以。意味着一旦有一个机会出现，狂喜就打败了理智。

你只剩下一个念头，就是丢盔卸甲地冲到她身边。

这就和吃饭是一样的，如果面对一顿诱人的大餐，你还有闲心仔细地布置好碗筷、抻开桌布、顺便摆个盘，说明你不是很饿。

还有几句话，和这句同理。

比如“我暂时不想谈恋爱”。

他不是不想谈恋爱，他是不想和你谈恋爱。

比如“我单身习惯了”。

那你就让他继续单身下去吧。

不要以为他说单身习惯了，你感化感化，他就会意识到不单身的好处。

这只是个借口，真的。

“我想以工作为重”

类似的借口还有很多。

——“我很忙，怕照顾不好你。”

——“我的心思不在男女感情上。”

——“我想先做出一番事业。”

然后一般这么说的，最后也没做出什么事业。

因为他并不是真的以事业为重，而是找一个你无法拒绝的理由，掩饰他其实不喜欢你这个事实。不信你可以想想，之前和你暧昧的时候，他并没有以事业为重，和你“约会”的时候，他并没有以事业为重，怎么你一表示愿意想和他谈恋爱了，他忽然就变得眼里只有事业了？

如果他真的以事业为重，那你根本就没有机会接近他，也不会有机会对他动心。

所以他本来只是想排解一下寂寞，和你暧昧一阵子，没想到你当真了，没有办法，只能拿事业出来做挡箭牌。

等他找到他喜欢的，肯定就会迅速在一起。

没本事的人最喜欢说的一句话，就是感情和事业不能兼得。

照这个理论，那些结了婚的，是不是都要穷死？

这就是给自己找下坡路，如果感情不顺，就可以说我一直在忙事业顾不上，如果事业不顺，就可以说我更重视感情。

如果两个都不顺，他们还能找别的理由。

有些女生可能会不开心：他怎么可以这样！不喜欢我不能直说吗？

那怎么能直说呢？直说了你不就跑了吗？

万一以后有用得到你的时候呢。

“我怕破坏我们之间的友谊”

先容我哈哈哈大笑三声。

友谊真的是个好借口，进可以表示我没有非分之想、迅速拉近和异性之间的关系，退可以表示我心里有你、不至于因为一方表白而把彼此变成陌生人。

但这事儿和谈恋爱真的没有关系。

没有什么比朋友转化成恋人更好的了，你们彼此认识了很久，熟悉对方的习惯，了解对方的缺点又不会互相讨厌，而且两个人可以长时间做朋友，说明有牢固的感情基础。

这是一种升华，什么时候轮到用“破坏”来形容了？

退一万步说，他如果那么喜欢你，破坏这段友谊又如何？

你已经先伸出手了，等于亲手砸了这个友情的牌位，他要做的，就是在这个牌位上踩两脚。

如果他真的喜欢你，可能出手比你还快。

男人什么时候会重视和异性之间的友谊？

当他明确地知道，他是不可能和对方谈恋爱的时候。

“我没有能力给你想要的生活”

这句话后头一般还要跟上一句，“你配得上更好的”。

可能没有什么借口，比这个听上去更具有欺骗性了。

你看，不是我不喜欢你，是我自身条件不够，我不和你在一起是为了你好，不然你会后悔的。为了你，我宁可牺牲自己的幸福。

我多伟大啊。

女孩可能还会因此感动，心想这个人真体贴啊。

体贴个屁。

你觉得他好像是在为你着想，其实他考虑的还是他自己。

你已经明确表示想和他在一起了，如果他真的替你想过，一切以你为出发点，那他就应该答应你。

你想要的明明是他，他却一再否认，“不不不，你想要的其实不是我，你想要更好的”。

这不就是胡搅蛮缠、推卸责任吗？

这就好像我早晨去买煎饼果子，早餐摊的大叔说，你这么优秀的小伙子，早餐怎么能吃煎饼果子呢？你应该去吃鲍鱼龙虾！我不卖给你！

你猜我打不打他。

当然，可能也有女孩说了，我觉得他这样是个好男人，我就喜欢他，我就是愿意等他。

哦，那你等吧。

最后补充一下。

很多女孩问，我已经给了他很多暗示明示了，他就是不理解，他是不是很笨？

作为一个男人，我必须负责地说一句。

他比你想象得聪明多了。

你以为他不懂吗？他只是不敢面对而已。

然后我必须负责任地再说一句。

如果有人真心喜欢你，他一定会主动告诉你。

他会想知道你在哪儿，中午饭有没有吃饱，生活烦不烦心，需不需要他帮忙。

他会想了解有关你的一切，主动给你打电话，不放过任何一个和你说话、和你见面的机会，分开十分钟就敢觍着脸说“我又想你了”。

你会发现，他平时可能很木讷，但是遇见你他会主动说话。

他平时可能很精明，但是遇见你，他会变得很笨拙。

这一切都是因为喜欢。

不需要你暗示。不需要你主动。不需要你搜肠刮肚去“制造机会”。

你制造了也没什么用。

换句话说，如果他连说出“喜欢你”三个字的勇气都没有，你还能指望他什么呢？

还有，这个世界上不存在“不够喜欢”。

不够喜欢，就是不喜欢。

喜欢一个人时，自尊心是不值钱的

之前网上有个小伙儿挺火的。

简单地说，就是有个问题，问“现在的男性是否普遍不再对女性展开追求了？为什么？”

他写了个最受欢迎的回答，大意如下：

我，颜值高于普通水准，家境不错，还是985学校毕业的硕士，我主动去找妹子聊天，她们竟然还不乐意跟我聊。我发一长段话，她们就只会回复“嗯”“啊”“哦”，而且每次都要隔上一两个小时。我不主动找她们，她们绝对不会主动找我，我感觉自己都是强颜欢笑在跟她们聊天。

女生不是都喊着自己想结束单身吗？不是都想要男朋友吗？我主动追你了，你为什么不尊重我？我又不欠你的。

看到这个答案的时候，我整个人都愣了一下。

这到底是谁追谁啊？

这个回答得到了很多男生的追捧，比如“说得好！”“说出了我们男人的心声！”……欢呼雀跃掌声雷动，好像这样他们就能脱单了一样。

搞得我非常纳闷，你们这是要追女生，还是要打仗啊？一个个都这么牛气，单身不好吗？

当然我也能理解，二十岁刚出头的时候，我也这样。

不光我这样，我那一帮室友都这样，跟女生聊天，开场白永远是“早上好”或者“晚上好”，没说两句一定要约吃饭约看电影，只要短信（那会儿还没有微信）来往超过十条，就觉得别人肯定对我有意思。

有的女生脾气好，不介意这样聊，有的女生根本就不理我们。于是我们还觍着脸下结论，说这个女生真难追，高冷。

现在想想，根本就不是人家高冷，是我们没有耐心。

人家都不一定知道我们是谁，莫名其妙收到一条“早上好”的短信，不报警已经算不错了。回复？这么一句没头没尾的话，你让她怎么回复？

隔壁有个男同胞也这么追女生，每天跟人用短信汇报自己的日常生活，记日记一样，什么“今天连上了好几节课，累死了”、什么“我发现食堂的饭变贵了”、什么“买了辆自行车，骑车上课真舒服”。

女生当然从来不理他。

后来他坚持不懈发了半年，半年后意外发现，女生谈了一个男朋友，和那个男生手牵手出双入对。

他心里不平衡了，回来和我们说，那个男的长得不如他，还比他矮，也不知道女生看上他哪一点了。

我们也替他愤愤不平，就是，你追她这么久了她都不理你，转头和别人好了，这算什么？

最后一致得出结论：那个男的肯定很有钱。

你看，这就是小年轻可怕的地方，自信心爆棚，老觉得自己风流倜傥，随便抛个眼神就有大把的女生扑过来，等到现实照进梦里，幻想破灭，就开始在别人身上找理由。

反正我没错啊。我都这么主动了，她不理我，是因为她不懂欣赏。

就像文章开头那个回答问题的男生，翻来覆去说半天，抱怨的点无非就是女生回他信息回得太慢，或者回得太简单，他心里不平衡。

他觉得他都主动发起话题了，对方就应该兴高采烈地顺着往下说，最好还是秒回。他都“屈尊”主动去追人家了，对方就应该感恩戴德地表示感谢，最好毫不犹豫地一口答应。

凭什么？

凭什么你发起一个话题，别人就要顺着和你往下聊？可能她对这个话题并不感兴趣啊。

凭什么你主动联系别人，别人就要秒回？可能你说的话太无聊，她根本不知道怎么回复啊。

从头到尾，我都没有看到他说，他喜欢谁，都付出过哪些让人感动的努力，就一直是“我主动和她聊，她却很扫兴，她不尊重我”。

你哪儿那么多自尊心？

你对她有好感，你主动，天经地义。她对你没有感觉，她不理你，完全正常。

不管是男生追女生，还是女生追男生，你追的那个人就好比是站在一片空地上，而你是在水里，你想靠近对方，你就游过去，多远也要游过去，你不能游两下就冲对方喊：你也赶紧下水啊！

凭什么？

有人可能要说，男生为什么要低三下四地追女生？我们要强势！

不好意思，从你决心要追一个人的一瞬间开始，你就已经是弱势地位了。

因为你喜欢她，但是她还并不喜欢你。

感情不是谁主动谁就占了上风，而是谁主动，谁就要做好长期付出的准备。

你喜欢她，你要做的事，就是每天找话题和她聊天，拼尽全力了解她的每一项喜好，用浑身解数来接近她，言谈中顺便展现一下你的优点和幽默感，让她觉得，和你聊天是有趣的。

这样她才能对你这个人产生兴趣，才能有进一步的后续。

大家都很忙，谁也没有闲工夫天天秒回微信，没有回复，你就等，等不到，就再发，只要她没把你拉黑，你就还有机会。

她还没说话呢，你先自己打退堂鼓了，你还好意思挑她的毛病？

有个真实的反例，我上大学的时候，一个外校的男生追我一个女性同学，头一个星期天天给她发短信：

——嘿，我们去逛书店吧。

——嘿，我们去看电影吧。

——嘿，来我们学校食堂吃饭吧，我们食堂特别好。

关键在于，女生只见过这个人一面，连具体长相都很模糊，不想进展这么快。一开始她还认真地婉拒，后来一忙起来，心里一烦，也懒得回了。

她连续两次没回复，这位仁兄就没了动静。过一个月，女生快把这事儿忘干净的时候，突然又收到他一条短信。

——我不打算追你了，但有句话想劝你，你做人太冷漠了，这样不好，不尊重别人，希望你以后能有改变。

说真的，我要是这个女生，我杀了他的心都有。

是你单方面喜欢我，什么时候轮到你对我做人的原则指手画脚了？

据说那个女生只回了一句话：“如果你觉得，找我聊两句就算是追求我了，那对不起，你不配得到我的回复。”

更可怕的，是很多男生都在困惑，现在的小姑娘“一个个喊着不想单身，想要男朋友”，可为什么找她聊天，她却爱理不理的？

这就好像在质问女生：你们不是想找男朋友吗？现在有个单身男生站在你面前，你为什么不选！

这种话就没劲了，吃馒头我还想选个儿大的呢，你追她，她有选择权，不是随便来个男的都行啊。

是，女生大都有这么一个阶段，哭着喊着要脱单、要男朋友。

但这不代表她们来者不拒。

你在追她，没准儿还有别人在追她，别人可能比你帅，也可能比你高，还可能比你各方面都优秀，你并没有什么优势可言。

你以为你主动找她说话，是给她的“恩惠”，可能她根本没看在眼里，甚至觉得你这个人很烦，明明说话很无聊还要天天打扰她。

没准儿你不主动了，对方反而松了口气：谢天谢地，那个天天发些没意思的话题的人，终于滚蛋了。

所以，如果一个人真的那么重视他的自尊心，那他最好不要谈恋爱。

喜欢一个人的时候，自尊心是不值钱的。追求一个人的时候，除了坚持不懈、认真而且走心，没有别的捷径。

觉得那么委屈，还不如单身更好，单身不委屈，也不会给别人添麻烦。

回到最初的那个问题，为什么现在很多男生不再对女生主动展开追求了？

因为他们不想全力付出，却奢望着白头偕老。

因为他们觉得聊两句就算追求了，却忘了这一点谁都能做到。

因为他们分不清什么是喜欢，什么是好感，于是也就分不清什么叫作追求，什么叫作勾搭，明明潜意识里只是打算碰碰运气，却以为自己已经给出了全部。

他们眼里只有自己，不肯为别人设身处地地想一下。

那他们得不到想要的结果，也只是理所应当而已。

他对你好，
并不代表他喜欢你

我的朋友赵西瓜，特别喜欢给我们讲她前男友的故事。

严格来说，应该算前前前男友。当时他们俩异地，在不同的城市读大学，男生算是很不错的那种，每天主动给赵西瓜打电话，一到假期就坐火车去看她，平时既不会忘了回她短信，也不会对她发脾气。

每次赵西瓜都想，这辈子非他不嫁了。

直到她偶然间发现，男生在自己学校还有个暧昧对象，那个女孩并不知道赵西瓜的存在，两个人经常出双入对、一起逛街吃饭看电影，很多人都以为女孩才是男生的女朋友。

男生既不说是，也不说不是。后来赵西瓜质问他，他说，我喜欢的是你，只是偶尔照顾她一下。

赵西瓜怒极，果断分手。

这事儿她经常喝醉了拿出来说，说一遍，骂一遍。

但她想不明白，问我：他怎么可能对那个女孩那么好，但不喜欢她？你们男的可以同时喜欢两个人吗？

我认真想想，说，第一个问题，答案是可能，完全可能。第二个问题，答案是不会。心里也许同时装得下两个人，但肯定要分个次序，为了最重要的那一个，随时可以忘掉另外一个。

赵西瓜沉默半天，拍案而起，一指我鼻子：你们这些臭不要脸的！浑蛋！

我去，我就给你分析分析情况，关我什么事儿啊？！

这让我想起之前有个女孩让我给她分析的一个故事。

她读大学的时候，同社团有个对她特别好的男生，具体怎么好就不说了，早安晚安上下课接送多喝热水那一套，一个不缺。和赵西瓜那个故事差不多。周围人都觉得他们郎才女貌，应该是一对。

但问题是，男生有女朋友，只是不在一个学校，不常见面。女孩也知道。

她隐约感觉这样不道德，但已经喜欢上了这个男生，不想放弃，纠结之余跑来留言问我：你说，他喜欢我吗？

我说我不敢说，信息量太少了，看不出来。

女孩又问：如果他不喜欢我，为什么还可以这么自然地对我好呢？而且他还有女朋友。

废话，他女朋友不在身边啊。

女孩最后问：我是不是不该抱什么希望？

嗯，确实不该抱什么希望。

因为他只是对你好而已，并不能说明什么。

你在他身边，他对你好，等他放假回家了，女朋友在身边，他照样对女朋友好，无缝衔接，脸不红心不跳，一点儿负罪感都没有。

反正他也没有明确表示喜欢你，他只是纯粹地照顾你。

照顾人有什么负罪感？照顾人没准儿还让他觉得自己特别伟大——“你看，我可以同时对两个人好”。

除非他真的照顾你照顾出了感情，否则等到异地结束，他和女朋友重聚，两人仍旧如胶似漆，感情和睦，之前发生了什么，他能忘得一干二净。

你能说他错了吗？

他没和你睡，不算肉体出轨，他也没说喜欢你，也不算精神出轨。

自始至终，都只有你一个人当真了。错的是你。

男女关系有两大错觉。女生版：他对我好，他是不是喜欢我？男生版：她接受我对她所有的好，她是不是喜欢我？

有的人聪明一些，早看穿了这些假象，可以任意进退，彼此心照不宣而不至于吃亏。

有的人就不行，也不是傻，说白了，道行太浅。

所以女的接受一件节日礼物，在有的男的眼里就相当于默认了他们之间的关系。

所以男的对她们稍有暧昧，有的女的就觉得，他一定是想追我。

错觉，都是错觉。人之所以不快乐，很大程度上都是因为这种错觉。

有好感，是人之常情，但这不等同于喜欢。

什么是喜欢？喜欢必定包含占有的欲望，你就必须是我的，晚一天都不行，等不了。

好感就不需要这么复杂。

我楼下经过一个流浪猫，我会夸它可爱，也会喂它点儿饭吃，但不代表我非要把它抱回家。

同理。她接受了你的礼物，可能正好这个东西是她需要的，也可能她不想伤你的心，不意味着她愿意和你在一起。

他经常给你送早饭，下班陪你走一段路，请你看个电影，可能只是顺便，也可能看你孤零零的一个人很可怜，不意味着他一定要和你谈恋爱。

他对你和对别的女孩不一样，也许说明你确实有不一样的魅力，也许又说明，只有你没有拒绝他。

还是那句话，在“我喜欢你”四个字说出口之前，一切温柔、体贴、嘘寒问暖，都不算数。

有人说这不就是“绿茶”和“渣男”吗？

稍安勿躁。文明社会了，别急着给人扣帽子。

其实出现这种情况，完全是男女各自情感的需求不同。

女性倾向于“被照顾”。平时可以大大咧咧没心没肺，或者冷若冰霜生人勿近，但总有一些时候觉得内心脆弱，有人主动聊聊天，都是莫大的善意。

个中高手甚至闪转腾挪游刃有余，坚决不吃亏，接受得心安理得，但内心冷静清楚，该脱身时随时可以脱身。

你对我好，人也不是很讨厌，长得也可以，那我为什么要拒绝？

有个端茶倒水、接送上下班、陪着看电影的饭搭子，平时有什么解决不了的事儿还可以找他帮忙，我为什么要赶走？

反正也不是我要求的，你付出、我接着就是了。一个愿打一个愿挨，我怕什么？

男性呢？

男性倾向于“照顾人”。

就像刚才说的，端茶倒水、接送上下班、陪着看电影陪着吃饭，偶尔还埋个单，某种程度上，也可以随叫随到。

是对你有什么企图吗？未必。

很多人说，这都是为了睡你。其实没那么夸张。

对你好，不一定是为了睡你。

他就是满足自己的内心罢了。

这事儿说起来挺有意思的，人不为己天诛地灭，他们是有多高尚，才愿意这样默默付出？

其实一点儿都不高尚，因为这太正常了。闲着也是闲着，找个孤单一人又看着顺眼的女孩，展示一下自己的男子气魄和绅士风度，不损失什么，还有人记得自己的好，如果勾得对方魂牵梦萦那就最棒了，说明他还有吸引力。

甚至有的人对谁都好，并不限于特定的对象。

他可能有女朋友，可能有真正喜欢的人。这也不妨碍他来照顾你。

但是你不知道，你以为他是想和你在一起，所以放长线钓大鱼。

可是一直看不到他的下一步动作。他逍遥自在、收放自如，结果最后你等不及了。你还去问他，你愿意和我谈恋爱吗？

他一脸茫然，呃，我没想过这种问题，我们继续做朋友不好吗？

你很生气，你对我这么好，就为了和我做朋友？

他也很无奈，我就是单纯想对你好而已啊，谁知道对别人好还需要负责任了？

是的，“单纯地对一个人好”，在男性的词典里，是存在的。

他们还很享受这种状态。

女性极少有这种体会，所以女性不理解。

拿异地恋举个例子。女性对异地恋的恐惧主要在于，“本来这些事可以两个人做，我却只能一个人”。

尤其是看到自己的同事、同学、朋友都和各自的男朋友成双入对，我连个饭都要自己吃，算了，不谈了不谈了，反正谈了和没谈也一样。

男性对异地恋的恐惧却在于，“平时都有人要我照顾的，突然一下没有了”。

一开始他们的心情是轻松：啊，一个人的生活真美好，想打游戏打游戏，想睡懒觉睡懒觉，想不打扫屋子、就不打扫屋子。

但时间一长就无聊了，空虚了，扪心自问，我应该去照顾谁呢？

答案还是挺多的，同班那个经常自己走的女孩、社团里新来的学妹、隔壁办公室一起跑项目的姑娘。

聊聊天、吃吃饭，一起出去压压马路，天冷了贡献一下自己的外套，回到家依然可以给女朋友打电话，说我想你了。

有的熬过这段时间，变成了“异地多年终成正果”的伟大恋情。

有的有一天突然发现，咦，身边这个女孩好像更好看、更优秀、更体贴，她需要我，我也需要她，那我为什么不干脆和她在一起？

很多异地恋，就是这么死的。

或者不只是异地恋，很多正常的恋爱，也是这么死的。

当然，其实归根结底，大家都是想有个人陪。

只是男女对“有人陪”的认知不一样。

如果说女性心里的“有人陪”，是下雨了，有人为她撑开了伞，等着她过去。

那男性心里的“有人陪”，是下雨了，他撑开了伞，然后有人走了进来。

这就是男女最大的差异。

经常收到很多同类型的问题，都来自女生，基本路子是列一些男生的举动，最后问我：你觉得他这算是喜欢我吗？

这些举动包括“他最近经常找我聊天”“他关注了我所有的社交账号，每天都会回复”“他约我吃饭，看电影，逛街”等。

我说这有点儿难啊，他对你好，并不代表他喜欢你。

你也不用急着动心。有人愿意照顾你是好事儿，可以感激，但别太感动。

他怎么对你好，你就怎么接受。不用不好意思。

你们两个之间的关系怎么定论，这条界线由你来划，而不是让他牵着走。

你可以把主动权交给他，但决定权，一定要在你自己手里。

真喜欢你就不会错过你

1

赵西瓜又炸毛了。

她在微信里喊我，说她不开心，想发泄一下情绪。

于是我开着聊天窗口，看她骂了半个小时的人。

她骂的人我还认识，以前上学的时候跟她关系挺好的一个男生，暧昧过，毕业回了老家，很久没有跟她联系，前阵子突然隔三岔五地找她聊天说话，说他来北京了，话里话外要约她出去吃饭看电影。

赵西瓜不想去，说我已经结婚了，就不方便跟别的男生单独吃饭看电影了。

对方沉默半天，回了一个：原来你真的结婚了。

接着对方就开始回忆过去他们两个暧昧的时光，把赵西瓜看得一身鸡皮疙瘩，末了来了一句：唉，如果当年我努力一把，现在在你身边的人，就是我了。

赵西瓜差点儿把电脑砸了。

“我×他妈！”她在我的微信里喊，“搞这种东西有劲吗？当年是谁把我坑得跟个傻子似的，好意思再提起来？”

我一听，不对，这里头有故事啊。

在我的威逼利诱之下，她终于说了。

刚才说过，他们俩有过一段暧昧的日子。赵西瓜心里对那个男生是有好感的，而且他对她也不错，她遇到什么困难，他都会帮她。

平时两个人经常成双入对形影不离，周围人也都觉得他们俩是一对。

但是赵西瓜总觉得内心不太踏实，因为男生从来没明确说过喜欢她，偶尔试探一下，都被他把话岔开了。

后来有一次学院搞集体活动，现场弄什么“缘分测试”，分别抽一个男生一个女生，要是都单身，就要在一起。

也不知道是真有缘分还是主办的社团使坏，赵西瓜和那个男生，就被抽到了。

全场沸腾。所有人都在喊“表白、表白”，“在一起、在一起”。

赵西瓜那会儿还小，还知道害臊，红着脸不说话，但心脏怦怦直跳，很期待能听到一句表白。

结果男生转头，很严肃地和大家说：我们是好朋友，不要闹了。

赵西瓜说，那一瞬间，她一下明白了为什么书上老说“想找个地缝钻进去”。

后来她收拾收拾自己碎成一片片的心，还觍着脸去问他，他理直气壮地说，我觉得那个场合太闹了，好像逼着我们在一起一样，对你不公平。

赵西瓜心底又浮现出一丝希望：那我们算什么关系呀？

男生说，我不知道啊，哈哈哈……对了，昨天说的那个电影你看了没？

赵西瓜瞬间又明白了另一个词："心如死灰"。

故事说到这儿，我大概懂了。

不光懂了为什么她对这件事反应这么大，也懂了，为什么她大学有整整一年的时间都很消沉，为什么她之前一直都很没有自信，为什么她现在的老公当初在跨年夜、当着一众朋友的面对她表白的时候，她那么，那么高兴。

有的女生在最好的年纪遇到了最好的人，有的女生，只碰见了一堆㞞货。

然后这个㞞货还在你好不容易把这些破事翻篇的时候，跳出来说喜欢过你，"再努力一些就好了"。

呵呵。

2

有些人就是喜欢玩儿这套，该表白的时候没表白，错过了最好的时机，过两年突然好像开始珍视这段感情了，开场白永远是：如果当年我勇敢……

可惜啊，人生没有那么多如果。

给你机会的时候，你并不中用啊。

何况你是真喜欢她吗？并不是。

你要是真喜欢她，当初就不会错过。

你现在毫无压力地说“喜欢”，是因为她现在有主了，甚至已婚了，这时候再说“我喜欢过你”，就不需要负什么责任了。

你很清楚，她的反应也就是笑笑，顶多哀叹一下年少无知，决不会说“其实我也喜欢你要不我甩了我现任我们在一起吧”。

而且这样还营造出一副物是人非、白云苍狗的假象，秒变青春小说男主角，想想都兴奋对不对。

其实就是当时㞞而已。

这点小心思，真觉得别人看不出来？

之前有句话，叫“毕业季，表白季”。

什么意思？就是毕业的最后一天或者最后几天，表白的人特别多。

为什么？就为了以后不留遗憾吗？

不，一大部分是因为，这个时候表白，就不需要顾虑了，因为傻子都知道，过两天大家天各一方，怎么都不可能在一起。

如果之前就表白呢？

“万一她答应了怎么办？答应了就要在一起，万一在一起后反而没有现在这么有趣怎么办？她会不会限制我的自由？我还能不能活得跟以前一样毫无压力？我是不是要对她承诺未来？承诺不起怎么办？”

很多人，就是这样想的。

别以为只有女生会有内心的小剧场，男生婆妈起来，比你们想象得可怕多了。

当然也会有人为自己辩解：不！我就是真喜欢。

真喜欢？四年啊，大哥，四年的时间，你到底干吗去了？

暧昧这种事儿，对有些人来说，很容易上瘾。

因为暧昧不需要负责任，不需要想以后怎么办，走一步看一步，能暧昧几天是几天，万一对方找到真爱了，换一个人暧昧就是了。

但表白就意味着要开始认真对待这段关系，对有些人来说，这是一种负担。

相比之下，有事没事撩一撩眼前这个姑娘，享受一下有人陪的感觉，过几年还能回忆青春感叹“曾经我也有一段差点儿变成永远的感情”，岂不是轻松多了？

所以说，每一个主动表白的人，都是壮士。

至少他知道，要抓住眼前的机会，错过了，就没有以后了。

3

之前还有个朋友，有个男的对她特别好，但后来朋友宣布脱单，男朋友却不是他。

我们很惊讶，那谁谁对你那么好，居然没选他？

朋友冷笑，光对我好有什么用？三年都不敢表白，我要等多久？是不是得等他等到老死？

她暗示过、明示过，那位仁兄一概和稀泥。一起去逛街，朋友能感觉到他想抱她，还特意往他身边凑了凑，但他胳膊在后头挥舞了几次，又放弃了。

那天朋友最后说了一句话：

对我好的男的有很多，我不缺，但认认真真对我表白的，只有一个。

我们经常说，男生要“有担当”，什么叫有担当？

喜欢就表白，想娶回家就求婚，她说看不到未来，就努力给她一个未来，她说没有安全感，就拼命给她那些安全感。

不要在她有心的时候落荒而逃，等她对你死心了，再出来搞什么“前尘往事一往情深”。

表白要趁早，有机会就上，没有机会，制造机会也要上（对，我说的是表白，你们不要多想）。

别在自己心里演那些小剧场了。说到底，不就是怕担责任吗？

不喜欢，大大方方地承认不喜欢，堂堂正正做朋友也没什么不行的。

喜欢，就别耽搁那么久。

担忧未来？在一起才有未来，未来是两个互相喜欢的人共同努力出来的，你们还没在一起呢，瞎操心什么？

害怕失败？努力了才能说失败，没有努力过，你连失败的资格都没有。

经常在论坛上看到一类“告白”帖子：×××，喜欢你很多年了，从来没有对你表白过，但私下收藏了你很多信息，听说你有了另一半，祝你幸福。

然后一群同样经历的人在底下表示很感动。

恕我低俗，我真没看出这种故事有什么好感动的。

我只看到“少壮不努力、老大徒伤悲”的可笑，以及明明是小肚鸡肠、还要假装豁达的自欺欺人。

就好像吃饭，桌上有道菜他想吃，但不敢伸筷子，最后菜被人端走了，他松了口气：终于不用纠结该不该伸筷子了。

等下了桌还要跟旁边的人说：其实我真的很想吃那道菜！

恶心别人，成就自己。就是这个意思。

曾经有人问：我想跟她表白，我觉得她也喜欢我，但我怕我给不了她想要的生活，耽误她的好时光，我该怎么办？

我回复：你要是这么想，那你还是别表白了。

早点儿放弃吧，对你好，也对她好。她想要的生活里，你排在第一位，但你害怕这种状态，于是你欺骗自己，你们在一起不会幸福，这样一来，好像错就不在你身上了。

你并没有真的为她考虑啊，不是吗？

爱情面前，无关年龄

之前看电影《志明与春娇》，有段对话印象很深。

志明想和春娇在一起，春娇心里还有顾虑，半认真半调笑地说：可是我比你大啊。

志明比画了一下，说：可是我比你高啊。

虽然看这部电影是很多年以前了，但这两句台词，我一直记得。

我把它视为男女基本聊天原则的典范，春娇说得不急不慢，但恰到好处地表示了自己的担忧。

“我比你大，别人会说闲话；就算别人不说，我也比你老得快，我会介意。”

而志明用一句话，也轻松但有效地表达了自己的想法。

“你比我大，我不介意；你在我心里还是个小女孩，不管有什么问题，我比你高，我会保护你。”

看到没，这就是说话的艺术。

短短几个字，女生收获了宝贵的安全感，不管以后怎样，至少在这个节点上，能看到男生的决心。

很多时候，两个人能不能在一起，就是差这一点点决心而已。

何况在爱情面前，年龄真的不算什么。

1

很多人都说，姐弟恋长不了，一定会分手。

但我仔细算了算，我周围的朋友，姐弟恋居多。

学姐比锤子大两岁，果子比大麦大两岁，赵西瓜比她家那口子大四岁，刘大头比她老公大五岁。

还有个前同事，女朋友也比他大。实习的时候带我的师父，女朋友同样比他大。

这一对对的，每个人都过得很好，学姐生了娃，果子在备孕，赵西瓜刚领完证，刘大头刚装修好新房。我那个师父，和女朋友异地了好几年，一有假期就从北京扛着行李箱去杭州看她，去年结婚了，还以“一日为师终身为父”这种借口，逼着我给他包了个大红包。

没有什么狗血故事，没有大家喜闻乐见的八卦素材。踏实而稳定。

简直就是对“姐弟恋长不了”这种言论，最有力的还击。

当然，一开始女生还是有迟疑的，比如赵西瓜领证之前，神经病一样问她男朋友：你说，要是别人觉得你比我小，嚼舌头怎么办？

她男朋友：说就说呗，你还能堵住别人的嘴吗？

赵西瓜：我介意啊！

结果她男朋友也没说话，过两天，赵西瓜用他电脑上网的时候，搜索框自动弹出近期的搜索记录，前三条分别是：

“出生日期能改么”

“如何更改户口本上的出生日期”

“谎报年龄犯不犯法”

赵西瓜笑疯了，这人是不是傻啊？

自个儿笑完，默默想了想，合上电脑给男朋友发微信：明天我们去领证吧。

后来我问她为什么。

她说：“虽然这个人蠢兮兮的，但他在为我考虑。有一个能真心为我考虑的人，我还有什么好害怕的？”

对啊，有什么好害怕的？

害怕就是，让你恐惧的事情一件一件袭来，你举目四望，却只有你自己。

现在有了和你一起面对的人，你还害怕什么？

2

女生对姐弟恋的恐惧，多数分为两个方面。

第一个恐惧，是社会层面的压力。

周围人的质疑，同事的眼光，七大姑八大姨的闲言碎语。

解决办法，参考上面赵西瓜的故事。

其实旁人的压力，在内心坚定的人面前，都不算什么。而内心坚定的关键，是有一个心灵相通的人，肩并肩地和自己站在一起，足以粉碎所有的质询。

“他根本不懂爱情”——就你们懂？

“他就是谈个恋爱玩儿玩儿”——他不是玩儿，他对我是认真的。

“他比你小，不会照顾人”——我们是平等关系，而且他对我很好。

甚至都不需要回应，他的言行举止，就是最有用的回应。

你幸福的状态，就是最有用的回应。

第二个恐惧，是衰老。

有一种浑蛋言论，叫“女的过了三十岁就每况愈下，男的过了三十岁，却越来越值钱”。

还有一种浑蛋言论，叫“不管男的多少岁，永远都喜欢年轻漂亮的女孩”。

于是陷入姐弟恋的女生都很担心，他还在成长，我却先变老了，他会不会移情别恋？

这种话你要是信，说明你也是真傻。

作为一个正常的、适龄的、脑子还够用的男性，我必须说，虽然男生的确普遍喜欢漂亮的女生（废话，女生也喜欢好看的男生啊），但这和年轻没有任何关系。

正常男性都懂，再年轻、再好看的女孩，都有老的那一天。

但一个女孩吸引人、让人愿意和她相处一辈子的地方，不是颜值，是聪不聪明、成不成熟、体不体贴。

比起脸白肤嫩、胸大腿长，我们更看重她的阅历、经验、学识，在她身上塑造出的，那种迷人的气质。

是，大家都乐意看脸，但脸不能当饭吃啊。

我们不能看见年轻漂亮的就想换，都是人，我们也要踏踏实实过日子啊。

喜欢你，是喜欢你这个人，是你每一寸肌肤、每一点思想构成的这个整体，而不是一张脸。

茫茫人海中，他选择了你，就已经解答了一切问题。

什么“三十岁之后就会有法令纹、鱼尾纹、脸部松弛……”

他们要是真的介意这些，那就没办法谈恋爱了，正常人都会老，都会长出皱纹，他们自己也会。而最好的感情，是两个人都接受对方不可避免会年岁增长这个现实，相濡以沫一起变老，随着时间的流逝，反而更珍视对方的陪伴。

至于“男的三十岁以后越来越值钱”这种话，不用想，这都是一无是处的中年男人，编出来骗小姑娘的。

能说出来这些话的，都没长脑子。

正确的逻辑，应该是男性三十岁以后，越来越明白家庭的重要性，越来越明白，身边的人的重要性。

这又不是红酒，年份越久价格越高。所谓黄金年龄，是指他们变得稳重得体，虽然诱惑很多，但分得清什么最宝贵，因而有更多的精力和时间，去实现自己的理想。

三观都没摆正呢，就想着越来越值钱？

你就做梦吧。

3

还有一个关键问题，是家长。

锤子和学姐结婚前，锤子妈觉得学姐比锤子大两岁，有顾虑，锤子忽悠她："白捡一个能照顾我的人，您老还不偷着乐，瞎琢磨什么？"

而在学姐妈妈面前，锤子拍胸脯："您放心吧，有我照顾，肯定不让她受一点儿委屈。"

刘大头去年跟家里摊牌，也是吓得不行，跟她妈说，我男朋友比我小五岁，"岁"字还没说完，手都开始哆嗦了。

她妈没说什么，就说，带来家里看看吧。

于是男朋友上门，待了三天，他也不会说话，不跟锤子似的舌灿莲花，就是抢着做饭干活儿。

刘大头爸妈表现得很冷静，男朋友走了，刘大头哆哆嗦嗦地听候发落。

结果家长说，挺好的，我们不反对。

刘大头自己还不信，说：“他比我小，你们真不介意？”

她妈说了一句话。

“我不看那些乱七八糟的，我只看细节。”

所以你看，很多事不是没有解决办法，全看你身边，是什么人。

他可不可靠，能不能照顾你，会不会设身处地为你着想。

和这些比起来，年龄差距真的毫无意义。

有人说你这样说是没有参考性的，一辈子那么长，现在看着都挺好，万一以后出问题呢？

去，说这种话有劲吗？

你怎么不说一辈子很长，没准儿哪天就死了呢？

哪段感情不会出问题啊？有问题解决问题就是了，关年龄什么事儿？

他三十岁，你二十五岁，他觉得你年轻漂亮，过五年，你三十岁，他三十五岁，他觉得你不年轻了，照样一脚把你蹬开。

人渣，是不分年龄段的。

喜欢就是喜欢，和年龄无关。

你愿意和他在一起，不是因为他比你大，而是因为，他喜欢你。

他比世界上任何一个人，都对你好。

喜欢你，当然就想睡你

文学大师沈从文有一段话，说得很有意思。

同一人相好，也许一定是要见面五十次，谈话五十次，同到吃饭又要五十次，调情二十五次，再来亲二十五次嘴，再来睡，大致这就算是文明人办法了……这不是我所要的……我认为可爱的，一见面我就想到她裸体。

不得不说，大师就是大师啊，耍流氓都这么有文化。

这段话和徐志摩老师的“我想和你一起起床”，是不是有异曲同工之妙。

之所以觉得这段话有意思，是沈大师用非常直白的语言，说出了一条真理：

喜欢你的人，自然想睡你。

适逢最近老有人问我，为什么男生恋爱的时候只想着上床呢？

“你们男生是不是满脑子就只有这种事儿？”

那肯定不能满脑子都是这种事儿，我们也忙着呢。

但恋爱的时候想到这种事儿，无可厚非。

还有一类问题，“他想睡我，是不是说明他不喜欢我？”

……啊？

这是怎么扯到“不喜欢”上的？很多时候，就是因为喜欢你才想睡你啊。

不光男生这样，女生也这样啊。

就像一个女生朋友之前跟我说的，看到好看又有趣的男孩子，第一反应就是想把他推倒。

不然怎么表达那种汹涌而来的一见钟情？

我们总是很避讳谈“性”这件事，好像一旦和“性”扯上了关系，感情就不纯粹了。

但“喜欢”和“睡”，真的冲突吗？

第一，他想睡你，说明你有魅力。

有个朋友，之前谈过一次恋爱。和男朋友相处一个月，两个人安排了一次旅行。

这年头，男女一起旅行，又是恋人，朋友心里，肯定是希望发生点儿什么的。

她以为男生心里肯定也是希望的。

所以到了酒店，她发现男生定的是标准间，一人一张床的时候，她内心有点儿崩溃。

当然，一人一张床也不能说明什么，床中间又没有结界，真有那个想法，什么都阻拦不了。

结果？结果旅行四天三晚，每天晚上男生自己洗完澡，穿得整整齐齐出来，钻进自己的床，说声晚安就先睡了。

朋友想暗示他，就说，我睡不着，怎么办啊？

男生头都不回，说，努力一下就睡着了，明天还要早起，快睡吧。

于是三个晚上，整整三个晚上，一对情侣，在一个屋子里，居然啥事儿都没干。

朋友回来就陷入了自我怀疑：我到底是多没吸引力啊，碰都不带碰我的？！

这件事在她心里成了一个芥蒂，也不好直接说，最后越想越难受，没多久，两个人就和平分手了。

有一种言论，叫刚恋爱就想睡你的，都不是好人。

事实并不是这样。

好人，指的是这个人能够坦然地面对自己的内心，顺畅地处理两个人之间的关系，是说这个人睡过之后依然对你细致入微，不会始乱终弃。

面对喜欢的人，“把持不住”实在是太稀松平常了。他喜欢你，意味着你在他眼里有独一无二的魅力，让他想和你更进一步，寻求一种更亲密、更契合的关系。

面对喜欢的女生还没有“龌龊”的想法，这就是好人了？

这是和尚好吗？

我不知道你们怎么想，我觉得作为男生，对我最大的赞誉不是说我帅，是“想把我推倒”。

要是“想把我推倒好几次”，那简直就是五星好评啊。

第二，爱和性，从来都是分不开的。

告子说，“食、色，性也”。孔子说，“饮食男女，人之大欲存焉”。

这里的男女，就是男女那点事儿。

文化人说话喜欢绕圈子，翻译一下，就是“喜欢你就想睡你，这很正常”。

可能大家都在长期的性压抑环境里被摧残惯了，总是觉得，性爱，尤其是婚前性爱，“是不要脸的人才会做的事情”。

县城家长从小就会教育你，婚前要洁身自好，不要“给我们丢人”。

基本上也都是对女孩子说的。

这导致很多女生对性爱有一种莫名的恐惧，想睡的不敢睡，喜欢的人不敢喜欢，长期反而产生了反效果，很容易被蒙骗。

然后家长就冲过去，劈头盖脸一顿打："我的脸都给你丢尽了！我怎么养了你这么个女儿！"

很抱歉，你女儿掉进的坑，一开始下第一铲的，恰恰是你们自己。

我一直觉得，18岁成人之后，男女生最应该接受的第一堂课，就是如何正确地看待性爱。

男生应该明白，性爱要在彼此喜欢、彼此接受的情况下发生，性爱之后，女生承受的压力远比男生大，所以要好好爱护她们。

而女生应该明白，和喜欢的人睡，婚前性爱，并不是什么大逆不道的事情，只要做好自身保护，完全可以是一段美好的经历。

同时教给他们正确的安全措施、合理的避孕方法，告诉他们，就算出了问题，也有解决的可能。

这比简单粗暴地说"就是不行"，有用多了。

有些事情，越是回避，越是有诱惑力，如果不能自然而然地看待，最后早晚要出问题。

何况喜欢这件事，有很大一部分，是发自于欲望。没有欲望的喜欢是不完整的。

问题不在于欲望本身，而在于如何正确地表达欲望，如何正确地处理欲望，以及欲望得到满足之后，应该怎么做。

做个爱就是"不洁身自好"了？

那我们干脆回到封建社会过日子得了，还要什么进步啊。

第三，想不想睡，看他；让不让睡，看你。

说句很污的话，裤子是你的，脱不脱全在于你。

他想睡，你觉得这人有点儿不靠谱，尽管非常喜欢，也完全可以不让他睡。

喜欢不代表什么要求都得答应，很多女生总是有个误区，“我不让他睡，他会不会生气啊”。

可能是会不高兴，但也不至于生气。相反，在你还没有足够安全感的时候提出这种要求，应该反思的是他。

而且生气又怎么了？他想睡你就要给？你又不是性奴。

如果他因为你不给睡就大发雷霆，乃至于冷落你、疏远你，反而是好事儿。

说明他就没那么喜欢你，正好帮你看清了这个人的真面目。

之前跟朋友说过一句话：喜欢你的人肯定想睡你，但想睡你的人，不一定喜欢你。

这个概念很难界定，这也是为什么，有的女生对于性爱，心里会有隐隐约约的担忧。

这个世界上有两种男人，第一种，睡过之后，会觉得对你背负了更大的责任，于是加倍地对你好。

第二种，提上裤子就不认账，就是为了玩玩，下了床，除非打算吃回头草，不然你再想找到他，就难了。

我有朋友就经历过这种事，她以为两个人是发自内心地相爱，结果发现只有她动了真情，对方和她开了一次房，就把她拉黑了。

既然还有第二种人存在，那女生有所顾虑，也很正常。

如果对方对你的态度，让你无法打消这种顾虑，那该拒绝他的时候，自然可以拒绝他。

但话又说回来，这年头，感情到了，和喜欢的人睡一觉，真没什么。

就算最后没有结果，也没什么。

喜欢就睡，不要有心理压力。

性爱应当是个美妙的过程，两个人互相喜欢、全情投入，可以释放压力，还可以升华感情。

只要不是单纯地发泄欲望，就好。

所以，还是那句话，做好安全措施，放松身心，好好享受一次。

他睡了你，反过来说你也睡了他。

谁也不吃亏啊，对不对。

你不问他，
怎么知道他喜不喜欢你？

1

说个真事儿。

年初朋友给我发信息，说有个男的对她很好，一直在找她聊天、请她吃饭、送她些有的没的。她下班打不到车，还跑来接她。

他是不是喜欢我？朋友问。

我说这不好说，你找个机会，直接问问他吧。

怎么问？朋友又问。

就问“你是不是喜欢我”，我说，或者“咱俩现在算是什么关系”，问得越清楚明白越好。

好。朋友很兴奋，那他要怎么回答，才算喜欢？

我说不管他给什么答案，只要里头没有“喜欢”、“爱”这样的字眼，统统不算数。

后来朋友去问了。

再后来，她大半夜兴奋地给我发信息：他说喜欢我！我们在一起了！

我也很高兴，又促成了一对。

何况她还给我包了一个大红包，好多钱啊！

哈哈哈哈。

……跑题了。

是的，事情就应该是这样。

当然，理论上讲，作为男生，有喜欢的人就应该大声表白，成不成功，至少我努力过，以后也不会后悔。

但也不是所有的男生都有这个勇气，做事一定都坚定而干脆，有时候，他们也会纠结。

他们也会想：虽然我表现出了足够的好感，但要是你不喜欢我，那我先说出来，万一打破了现在这种良好的关系，该怎么办？

如果你不喜欢他，那就不用理会。

如果你喜欢他，那就开口问他。

你提出"你是不是喜欢我"这个问题，其实是给他一个信号：老娘对你也有意思，你看着办。

对有心人来说，这是一种动力。

对不走心的人来说，这是"完了她开始认真了我还是赶紧跑吧"的最后时机。

于是这个时候，会出现两种答案：

一是顾左右而言他、说些模棱两可的话，或者干脆玩儿消失。

这就是不喜欢，只对你有基本的好感，甚至就是把撩你当作一种消遣。

那你就可以让他滚蛋了。

二是直截了当地回答：喜欢。

那恭喜你，你可以进入人生的下一个阶段了。

第一种答案，你看清了一个人渣。

第二种答案，你收获了一个男朋友。

你看，怎么样你都不吃亏啊。

2

同样的道理，如果你在追一个男生，也可以这样问。

你对他表示出了好感，嘘寒问暖、片刻不离，他没有拒绝，但也没有明确接受，关系不温不火，似乎就差捅破那一层窗户纸，可他不行动，你也不知道他究竟怎么想。

直接表白？毕竟有风险，而且太粗暴，难免不好意思。

用询问的语气，看上去轻描淡写、不急不慢，化解了一部分自身的压力，也让双方没有那么尴尬。

加上语气词，还显得可爱（虽然这不是重点）。

当然，很多女生不是不想问，而是不敢。

我理解这种恐惧。她们是怕，问了以后，万一对方说不喜欢，就连朋友都没得做了。

那么问题来了，你是愿意默默守在一边做“朋友”，期待他若干年后良心发现（或许他根本没发现还找了别人），还是鼓起勇气开一次口，在这件事上赌一把？

失败了，虽然再见面会有芥蒂，但并不损失什么，因为他本来就不是你的。

成功了，皆大欢喜。

而且只是做好朋友，真的是你想要的吗？

朋友可以有很多啊，不缺这一个对不对？

但男朋友，找到一个可不容易。

你在乎他的一举一动，在乎他的喜怒哀乐，全部心思都在他身上，却换不回什么结果。

这对你自己，是不是太不公平了？

喜欢就想拥有，这是人之常情。

所谓“默默地陪伴”，很多时候都是在感动自己：你看我爱他爱得多辛苦，都不求回报。

其实你只是害怕而已。

有人曾经问我，女生主动表白，是不是不太好？

我说是不太好，但错过，更不好。

有时候，想要的，就是要你自己去争取。

与其站得远远地看着，不如伸出手去，勇敢地触碰一次。

3

你要明白，每个人对喜欢的定义是不一样的，每个人对喜欢的人的表现，也是不一样的。

有的人大张旗鼓，有的人小心翼翼。

有的人心急如焚，有的人沉得住气。

有的人用尽一切方法表露自己的内心，有的人不是。

有的人每天从你面前经过，只是看你一眼，但可能这一次“偶遇”，是他花掉了一整个上午的时间来谋划的。

有的人可能话不多，回复你的信息都很简短，但可能他对别人，理都不理。

也就是说，这种事儿不能靠“猜”，猜你是猜不对的。

你觉得他天天找你聊天，肯定是喜欢你，其实他还有好几个暧昧的对象，跟每个人说的话都一样。

你觉得他不主动跟你表白，肯定对你没意思，其实他打了字又删掉，一条信息准备一天都没发出去。

恋爱这件事，不要过分高估男生的主观能动性，很多时候，他们并不比女生强多少。

一样有的胆怯，有的笨拙，有的磨磨唧唧。

我有个朋友叫周大拿，当年特别喜欢一个女孩，可就是觉得自己长得不够帅，不敢说，最后还是我们把他按在桌子上，用他的手机发出去的那句“你愿意做我女朋友吗”。

女生不到两秒钟就回复了：“好。”

还有一个朋友叫大宽，表示喜欢的做法是早晚给人发一条问候的短信，但他死活不署名，发了半个学期，别人都不知道他是谁。

后来还是女生在一个聚会上问起来，说有个人天天给她发短信，一年多了都雷打不动，她还挺感动的，就是不知道是谁。

我把大宽一把拖过去：“就这货。”

现在他们每年恋爱周年纪念日的时候，都给我发个小红包。

但这都是在有我这种不要脸的人强行干预的情况下，才终于促成一段恋爱的，要是没有呢？估计就是各自把对对方的心意藏上几年，随着时间的流逝慢慢消磨掉这份喜欢，最后越离越远，直到没有结局。

所以，判断一个男生是不是喜欢你的方法，有且只有一个，就是明确地问他。

“喜欢”是一件严肃的事，也是一个严肃的词，一旦说出口，意味着一种承诺，意味着，说话的人必须做好准备，去面对一段真诚的恋爱关系。

心虚的人，会下意识地逃避。

而那个真心的人，会义无反顾地接受它。

相信我，他已经犹豫了很久，就等你这句问话，给他加上那一点点动力了。

你还等什么呢？

CHAPTER 02

渣男博物馆

“我应不应该和他分手？”

“对不起，我还是忘不了前女友”

之前在公众平台上发表过一篇文章，说到男朋友如果真的对你好，就不会拿你和前任做比较。

结果好像戳中了很多人的伤疤，收到一堆一堆的留言，都在控诉男朋友的“前任情结”。

“前女友比你懂事”、“前女友比你温柔”、“前女友比你知性”。

更恶心的，“前女友比你好看”、“前女友比你会打扮”、“前女友胸比你大”。

一句话，前女友比你好多了。

这就好像守灵一样，如同这人已经死了，但一张黑白全身照还挂在你家里，你男朋友每天三炷香地供着她，你还不能急，急就是你的错。“前女友从来不会为这种事儿生气”。

听着都特别想打人，对不对。

还有一些故事，看得我很唏嘘。

一个女孩说，她男朋友跟她分手了，理由是他前任回国了，来找他，他还是想和前任在一起。

另一个女孩说，她男朋友每天都会和前任聊天、发信息，前任有什么事儿，男朋友第一时间拍马赶到，而她崴了脚，男朋友连问都不问。

“感觉我是个第三者。”女孩说。

还有一个，男朋友当着她的面拍胸脯保证，以后再也不和前任联系了，结果她偶然发现，男朋友会在她睡着之后，偷偷摸摸跑去前任的微博，给她留言。

她很痛苦，问我，男的是不是都忘不了前任？

那肯定不是。

有脑子的男的都知道，前任再好，也是个断了线的风筝，已经没有任何关系，爱往哪儿飞往哪儿飞。

何况前任要真的那么好，当初为什么还分手？

那为什么还是有很多男的，三句话不离前任，只要前任回头，他们随时都可能抛弃现任，和前任在一起？

其实很简单。从一开始，你就是“被将就”的那个。

有些故事是这样的，一个人刚分了手，心里空落落的，看看对方又没有想复合的意思，无聊、寂寞、空虚，怎么办？

这时候你出现了。

你对他表示出了好感，他也不讨厌你。你虽然在他心里比不过前任，但还算温柔可人，也不难看。

算了，将就一下吧，至少比孤零零一个人强。

你觉得他是喜欢你，其实他只是空窗期。

就像开车一样。你开着车在路上，右前轮轮胎突然没气了，前不着村后不着店，你还得赶路，该怎么做？

当然是换上个备胎继续开。

开多远？不知道，反正等开到有修轮胎的地方，把右前轮轮胎修好，备胎没用了，该扔到哪儿就扔到哪儿。

你就是那个备胎。

你还不是我们通常说的那种等着候补的备胎，你是已经享受到幸福了，突然被一脚踹走了。

事先你根本不知道，这时候你才明白，哦，原来人家是有“原配”的。

这就是为什么，明明你觉得他对你很好，明明你认为他是喜欢你的，但前女友一回头，你就什么都不是了。

因为从头到尾，他都没有真正把你放在心上。

他在等他前女友回头，但这条路走得有点儿辛苦，拉你陪他一段，仅此而已。

得不到的永远是最好的。这种情况，要么是被甩了，要么是因为外界的因素，不得不分开。

比如前女友出国了，前女友家长不同意，前女友喜欢上了别人。

这反而给前女友加了分，看得见吃不着，百爪挠心，越想她，她越完美。

然后只要前女友表示出重归于好的态度，他自然跟着跑了。

你在他眼里，就成了追求幸福的阻碍。

他真的那么喜欢前女友吗？未必，有时候就是一种变态心理，我失去的，我一定要亲手拿回来。

举个例子，你买了一包薯片，高高兴兴地想拿回家吃，走到半路，一个人突然冲出来，把你的薯片抢走了。

你哭哭唧唧地回去重新买了一包，同样的牌子、同样的口味，这次你顺利吃完了，但无论你吃得多饱，你都会想，那包被抢走的薯片，是不是更好吃？

还有的，有些男生是当初不懂怎么谈恋爱，后来懂了，就想拿以前的失败作品，再试一试，或者觉得那年那天辜负了那个人，于是“补偿”她一下。

以前认识一个人就是这样，最早脾气很不好，一生气就跟身边人大吵大闹，前女友忍不了，就和他分了。

后来找了新的女朋友，在和新女朋友相处的过程中，慢慢发现了自己以前的不对，脾气渐渐变了，和女朋友关系和谐，如胶似漆。

这时候他想，哦，原来我是能改的，原来一开始，是不必和前女友闹得那么僵的。

再后来开始谈婚论嫁，双方家长都见过面了，有一天他突然听说，前女友和她男朋友分手了，又变成了单身。

这厮看着前女友的朋友圈，心里一动。

当年是我有问题，没有好好和你在一起，再给我一次机会，是不是不一样？

结果他果断离开了现任，去前任那里二进宫。

这件事的结局，是他和前任仍然天天吵架，他还是动不动就发脾气。

最后他终于明白，不是他脾气变好了，是他的第二个女朋友，很会哄他。

他这才知道，不合适就是不合适，他放弃的那个，才是真正对他好的那个。

他再想回头，没机会了。

我们能说什么呢？

活该。

有人问了，那真遇上这种还爱着前女友的人，应该怎么办？

还能怎么办？分手啊。

你还想被他坑害多久？

也有人问，如果我对他足够好，可以感化他吗？

那不可能。

就这种人，没有廉耻、不负责任，他要是能被你的爱感化，那猪早就学会飞了。

之前还遇到一种问题。

“他手机里一直存着前女友的照片，我让他删他也不删，是不是说明有问题？”

有的人可能会告诉你，对！这就是有问题！必须让他删！

没那么严重。

有的人就是需要那么一点回忆，仅供用来念旧，不代表他一定还想着她。

几张照片而已，留着就留着了，也没有拿来当屏保，说不定藏在相册深处，时间一久他自己都想不起来。

这种人可能只是重情，但未必不可靠。

那些天天拿你跟前女友比较的，你才要离他远点儿。

在现任的面前提前任的好，就是缺心眼儿。不分男女。

“我和我老婆早就没有感情了”

1

之前在一家公司做文案的时候，办公室有个前辈，每天下班都要加班，偶尔我走得晚，发现公司基本上没人了，他还不走，全神贯注地盯着电脑，好像很忙的样子。

刚参加工作的我，对此佩服得五体投地，心想这真是良心员工啊，早来晚走，全心全意为公司付出。

后来我偶然间发现，他不是在干活儿，他是在看电影、打游戏。

这我就搞不懂了。“你怎么不回家啊？”有一天我忍不住问他。

“回家？”前辈一边打游戏一边反问，“回家有什么意思？”

我心说回家打游戏不比在公司爽多了。

何况这人还是已婚人士，我猜他是因为媳妇儿不在家，所以回去也无聊，就问，“你媳妇儿下班是不是很晚？”

他看一眼时间。“估计她早就回去了。”

我愣了一下。靠，那你也赶紧回去啊。

前辈没说话，打完一局游戏，伸了个懒腰，说，“唉，回家也是那样，天天对着一个人，没意思。我骗她说我加班，能晚回去一会儿是一会儿。”

我表示不明白。

他笑笑，说，“等你结婚你就知道了，婚姻是牢笼啊。”

这句话还是听得我一头雾水。因为就在半个小时之前，另一位已婚前辈还过来找我，让我明天再给他交文案，他要先回家了，他老婆做了排骨汤。

第一位前辈结婚两年，第二位前辈结婚五年。

第一位前辈天天在公司说他老婆的不是，说她懒，说她话多，说她没脑子，然后和我们聊天的时候还瞅着公司新来的前台，说，嘿，这姑娘腿好看，我老婆要有这腿就好了。

第二位前辈就天天秀恩爱，今天说他老婆做了好吃的，明天说他婚后胖了十斤，穿件新衣服就说是他老婆买的，买双新鞋就说是他老婆专门挑的，恨得我们牙痒痒。

那时候我还年轻，我一直没想明白，同样是已婚人士，为什么会有这么大的差别。

是因为第一位前辈的老婆太懒了？因为她腿太粗？

那当初为什么要结婚？婚前不就看出来了？

而且，当着公司同事的面说自己老婆不好，这样真的合适吗？

这个问题困扰了我很久，直到我离开那家公司，我也没想清楚。

2

后来过了两年，我在新公司上班，之前公司的小伙伴找我聊天，听他们说，那位“婚姻是牢笼”的前辈和一个实习生姑娘劈腿，在公司半公开交往，结果被他老婆知道了。

他老婆也没哭没闹，找了个早晨把离婚协议书和微信聊天记录的照片贴在公司大门口，扬长而去。

那天公司的业务瘫痪了半个小时。

我很好奇。“那后来离婚了吗？”我问。

“就是没有啊。”小伙伴说。

据说那位前辈跟老婆道歉，坚决不离婚，过阵子就恢复了正常。而那个实习生第二天就被辞退了，前辈还是好好地坐在他的岗位上，跟什么事儿都没发生过一样。

我看着聊天记录，没说话。

因为就在一年前，一个朋友来问我，她公司一位已婚同事追求她，她也很喜欢这个人，但不想破坏他的家庭，该怎么办。

我问那人怎么说的。

朋友说，他说他跟他老婆没感情，就是搭伙过日子，遇到她才发现自己结婚太早了，他想和她在一起。

我说可以啊，他离婚，和你在一起呗，你嫌弃他离婚吗？

朋友说不嫌弃，但是那位同事说，马上离婚太仓促了，别人会嚼舌头，让她给他一点时间，这段时间他们就像恋人一样相处，等他离婚了，他们就搬到一起住。

我乐了，这哥们儿，真以为别人都是傻子啊？

我说你就这么告诉他，你说这样太残忍了，你不喜欢这种感觉，让他先去办离婚，只要他离婚，你立刻跟他走，等多久都可以。

朋友犹豫，说他会不会生气啊？

生气肯定是会生气，我说，但你放心，他是绝对不可能离婚的。

3

其实那个时候，我已经想通了之前那个问题。

为什么两个已婚的前辈，对待婚姻的态度截然不同？真的是因为第一个前辈的老婆太懒，或者腿太粗吗？

不是，是因为他就是这样的人。

对有的人来说，婚姻是感情的升华，是契约，是保证，是他们终于和相爱的人组成了家庭，从此更加倍地珍惜对方。

而对有的人来说，婚姻是个任务，是种游戏。这一局通关了，是不是换个别的成就来解锁一下？

在他们眼里，结婚证是颗定心丸，一方面说明他们确实有人要了，证明了他们的魅力和能力，既然有这个魅力，那就有自信去勾搭别人。

另一方面，只要家还在，他永远不会损失什么。

真的是他们的另一半不好吗？未必。

真的不好他们就不会结婚了，他们只是厌倦了家里的柴米油盐，出去找找刺激而已。

4

出轨的男性总有各式各样的借口，其中最常见的一条就是，“我和我老婆早就没有感情了。”

或者“我只喜欢你。”

再或者“很久没有遇到像你这样让我动心的女生了，一看到你我就觉得，我结婚太早。”

信吗？信了你就傻了。

他会告诉你，他和他老婆如同行尸走肉，之所以不离婚是因为夫妻一场，他不忍心，或者影响不好，对你的名声也不好，所以要慢慢来，降低成本。

结果你还感动了，你觉得这真是个好男人，你愿意等他。

可惜你什么都等不到。

听过很多个出轨的故事，我只听说过一个真的和原配离婚、投奔真爱的，其他的全是能骗就骗，能拖就拖。社会对女性不友好，离婚成本大，他们算准了家里另一半不敢真的离，只要他们示个弱，以后还会和以前一样。

最后的结局，就是你变成人人喊打的小三、破坏别人家庭的罪魁祸首，那个“离了婚和你过”的人痛改前非浪子回头，进了家门又是个好男人。

是因为婚姻关系容易让人感到厌倦吗？并不是。

前阵子还有女生给我留言，说她喜欢上一个男的，男的有女朋友，但他一直不和女朋友分手，只说他早就不爱他女朋友了，他爱的是那个女生，但他怕女朋友太伤心，做出傻事，所以要等一段时间。

女生也真的等了，结果过了个把月，男生来找她，说他女朋友知道了他们的事，不同意分手，他也没办法了。

他说，我不能这样离开她，要不我们做地下情人吧。

女生还问我：你说他是真的喜欢我吗？

我说他要是真的喜欢你，他早就分手了。

什么怕伤害女朋友、什么没办法，都是借口。

说到底，就是他很享受和你在一起，但他又不想背上个劈腿的锅，反正只要他承诺不再干这种事，他女朋友就会原谅他。一边是背着骂名和风险跟你重新开始一段感情，一边是转身做个“只是被诱惑了的”好男人，两害相权取其轻，当然就牺牲掉你了。

何况你都不会恨他，还替他着想，觉得他重情重义。

多好的事儿啊。

5

渣男不分年龄段，不看经历，不看星座，不看已婚未婚。渣男就是渣男。

他们并不是真的想和你在一起，他们只是享受这种左拥右抱的感觉。

能瞒得住另一半，就瞒。瞒不住，就哄。哄也不管用，就道歉。

大不了把所有的锅往你身上一扔，说是你先诱惑的他们，他们只是“一时把持不住”。

哪儿那么多“一时把持不住”？

所有的把持不住，都是蓄谋已久。

你以为他会抛弃一切和你在一起，结局就是，他什么都没有抛弃，他抛弃了你。

对于这些人的“真情告白”，不管真心还是假意，女生最好还是保持冷静。他说要离婚，那就先让他去离婚，他说要分手，那就先等他分手。这个等待的阶段里，这个人是不是真的想和你在一起，你自己会明白。

至于那种反复告诉你，他和他的另一半“早就没有感情了”的，只需要反问一句话也够了：

“那你怎么不离婚啊？”

“我妈说咱俩不合适”

俗话说得好，爱国爱家爱学妹，防火防盗防……妈宝。

不是学长不可怕，是妈宝更可怕。

朋友余北北有个同事，跟男朋友谈了一年恋爱，一时冲动跟着男方回家见家长，当时大家其乐融融什么事儿没有，回去之后男朋友就开始玩儿消失，打十次电话，最多能回一次。

一开始说忙，后来不说忙了，要分手。理由就一个：“我妈说你面相不好，眼距太宽，克夫。”

女孩差点儿一头栽过去，定了定神，问：别光说你妈，你到底怎么想？

男朋友吭哧半天，回了一句：我听我妈的。

女孩没忍住给了他一巴掌，从此老死不相往来。

余北北给我们说这个故事，听得我们一阵唏嘘，劳动人民就是朴实啊，什么野狐禅都信。

余北北笑笑，一语道破天机：什么面相不面相的，还不是看不上。

我们瞬间懂了。

所谓面相都是借口，找个说法而已，问题在于，妈宝还真就信了。

妈宝的口头禅是“我妈说”。我妈说这事儿应该这样，我妈说你这样做不对，我妈说你这个年龄要赶紧生孩子，我妈说咱俩不合适，我们还是分手好了。

那要不你跟你妈过吧？

说实话，我们肯定希望家长都通情达理，孩子喜欢的人，他们都可以接受。

但小姑娘初来乍到，第一次进你们家门，你家人对她有顾虑、挑毛病很正常，因为他们并不了解你身边的这个人，他们不想让你吃亏。

怎样让他们了解、进而对她产生好感，要看男生的努力。

而且很多挑毛病，纯粹是不可理喻的，就跟看面相那个一样。你一个成年男性，不能什么都信啊。

身边很多女孩吃过这种亏，一个女孩跟男朋友见家长，为了漂漂亮亮地去，化了全套的妆，还涂了指甲油，结果男朋友的妈妈私下跟他说，女孩子涂指甲油，一看就不是干活儿的人，以后结婚有你受的。

男生一琢磨，妈说得对！于是分手了。

还有一个女孩也是到见家长这一步，去的时候在火车上着凉了，感冒，昏昏沉沉好几天。男朋友的妈妈同样有意见：这一看身体就不好，以后你天天操心受累，多糟心啊。

这男生也是一琢磨，妈说得对！于是依然分手了。

你说这种人，为什么要谈恋爱祸害别人？

前面说过锤子和学姐的故事，他们两个是姐弟恋，等到谈婚论嫁的时候，锤子妈觉得学姐比他大两岁，就不是很能接受。

锤子面不改色，说，妈，你得这么想，她比我大多好啊，成熟，能照顾我，也不会跟那些小毛丫头似的动不动闹情绪，其实是我捡便宜了对不对？

锤子妈想了想，好像也对。

当然，学姐虽然比锤子大，但在锤子面前还跟个小女孩一样，两个人关系平等，不存在谁照顾谁。

但有什么关系？锤子妈高兴就行了。

家长的戒心，很多时候就是一瞬间的事儿，把这个戒心打消掉，之后怎么看怎么顺眼。

这是你女朋友，你不维护她，你指望谁维护她？

当然，不是所有人都这么想。

之前朋友里有一个男孩，他和他女朋友家乡不是一个地方，隔得还挺远，后来他妈妈就劝他，你看两家隔这么远，过年过节都是事儿，你也跟着辛苦，不如分了吧，找个咱们本地的。

然后男孩就真的让我们出主意，想个理由帮他分手。

我们差点儿把桌子掀了。

这算什么问题？离得远，有困难，那就找解决办法啊，哪有什么人是尽善尽美的，不管你交什么样的女朋友都肯定会有家长不理解的地方，难道你要每一个都分手？那还谈什么恋爱？

男孩沉默半天，说，可我不想让我妈伤心。我爱我妈。

……两码事儿好吧？

不是不让你爱自己妈，妈妈很辛苦，爱她天经地义。

但你是有女朋友的人了，你也要为她考虑考虑。

要不说大家都特别怕见家长。男生怕，是怕未来的丈母娘问自己有没有房；女生怕，不是怕家长本身，是怕男朋友不跟自己站在一条阵线上。

一个女生读者给我留言，她跟男朋友回家吃饭，吃完饭她心说要表现得勤快一点儿，正打算开口说放着我来收拾吧，她男朋友直接来了一句：××，你去刷碗。

然后就跟自己爸妈看电视去了。

当然刷个碗也没什么，但是自己主动要刷，和被男朋友命令去刷，这差别就太大了。

都是爹生娘养的，你凭什么给我下指令？我又不是机器人。

后来她还问我，要是你带女朋友回家，吃完饭你会让她刷碗还是让你妈刷？

我含泪回复：每次和女朋友回家，都是我刷碗……

我觉得没什么，刷个碗而已，我在这边刷碗，他们在客厅吃水果看电视聊天，其乐融融，多好。刷刷碗又死不了人，十来分钟的事儿，顺手解决一个世纪难题，大家心里都舒坦，谁也不用纠结。

表面上好像我挺惨的，其实我换取了一份长久的和平。

女朋友和未来公婆相处得好不好，很多时候，就是看男生做出了多少努力。

甚至都不需要男生付出多大的工夫，稍微用心一下就够了。

比如带女朋友回家，带点儿小礼物，跟女朋友说，我爸妈喜欢这个，买这个他们肯定高兴；跟爸妈说，这都是××挑的，她觉得你们肯定会喜欢。

皆大欢喜，彼此都毫无压力，女朋友觉得你会照顾她，于是加倍喜欢你；爸妈觉得这女孩真懂事儿，于是加倍喜欢她。

简简单单几句话，省多少麻烦。

说白了，那些凡事都听父母的意见、从来不替女朋友想想的，并不是他们有多么爱父母，是他们就没那么在乎女朋友。

因为不在乎，所以遇到问题就不会去想办法，而是下意识地逃避。

你喜欢她，那当然是拼尽全力也要和她在一起，你要有这个自信，可以说服你的家长。

家长批评两句你就打退堂鼓？

你的感情，一定不值钱。

“你给不了我新鲜感了”

出轨的问题，我已经写烦了，我估计你们也都看烦了。

但有一件小事，顶着内心的不适，我还是要写一下。

就是在“男人出轨的一千零一个理由”里，有一条，叫“总是跟一个人在一起太乏味了，我们需要新鲜感”。

啥？

是哪家家用电器企业新产品的广告语吗？

恋爱的意义是什么？是终于有一个人，无论晴天还是雨天都陪着你，过踏实稳定的日子，有什么问题都可以携手解决，全世界TA最懂你，你也最懂TA，慢慢地，就再也分不开了。

这种熟悉、亲切、相互理解的感受，才是我们需要感情的理由啊。

感情什么时候要靠“新鲜感”来维持了？

再普通、再雷同的日子，因为有了那个人，永远都会有趣。

要那么新鲜干什么？你是冰箱吗？

1

之前有人找我，说他觉得和女朋友在一起时间有点儿长了（其实才一年多），觉得缺乏激情，问我感情是不是要有新鲜感才有意义。

我说我给你打个比方吧。

一颗新鲜的大白菜，可以炖、可以炒、可以凉拌，怎样都好吃对不对。

然后还是这颗白菜，做成泡菜，或者酸菜，大白菜不再是新鲜的大白菜了，然后呢？

还是一样好吃啊！

而且虽然不再新鲜了，在发酵、沉淀的过程中，还产生了新的营养和价值。

你能说泡菜和酸菜没有意义吗？

感情也是同理。

有人说，感情里，双方还是要保持神秘感的，不然彼此都知根知底了，就没意思了。

我不这么认为，我检查觉得，就因为两个人知根知底了，还不互相讨厌，一段感情才有存续的意义。

不然你恋爱好几年，连另一半内心真实的想法都不知道，你自己想想，是不是不靠谱？

以前听朋友说过一个事儿，她闺密和一个男人恋爱两年多，都要谈婚论嫁了，突然得知，这个男人有一条腿是假腿。

具体怎么知道的我就不清楚了。

当然，我也不是歧视谁，别说只有一条腿是假腿，就算四肢都是义肢，那也无所谓。

但问题在于，这么重要的事情，恋爱两年，这女孩才知道。

这男人有神秘感吧？老有老有了。

换成你是那个女孩，你害不害怕？

2

每一段感情，都分为两个阶段，探索期和稳定期。

一开始或多或少都是因为神秘感，因为对方一个吸引你的特质，进而想了解更多。

有时候在进一步了解的过程中，发现对方除了那个吸引人的点，其余一无是处，三观不合，于是无疾而终。

有时候是发现，我靠随便哪一点都能让我心动啊！这就叫喜欢。

喜欢了于是就在一起。刚开始的一段时光特别有激情，因为每时每刻都会在对方身上发掘出你不了解的一面，跟猜谜语似的，越不知道答案，心里越兴奋。

后来该知道的都知道了，连TA十岁那会儿还天天尿床这样的事儿都知道了，有的人就开始慌了，接下来的日子怎么过？

于是“探索期”一结束，很多感情就戛然而止。

因为大家突然不知道该怎么办了。

但事实上，探索期结束，进入稳定期，才是感情真正变得有意义的开始。

前两天大麦忽然跟我感慨，说他活了小半辈子，做得最正确的决定，就是跟果子结婚。

我跟他开玩笑，你这人，政治不正确啊，已婚人士最喜欢不就是吐槽婚姻是坟墓，后悔结婚太早吗？

大麦攥着水果刀，说你还能不能好好聊天了。

我闭上嘴之后，他又说，其实结婚前也有点儿犹豫，觉得未来很多年都和一个人朝夕相处，会不会很快就无聊了。

但慢慢地他发现，这样的日子才最好。

幸福不是每天早晨醒来，枕头边上都是一个不一样的人，而是每天早晨醒来，旁边都是那张再熟悉不过的、睡得很安稳的脸。

是两个人坐在沙发上，一起看一部电影。

是厨房里的忙碌、锅碗瓢盆，你知道我喜欢吃什么，我也知道你喜欢吃什么。

是手拉着手，走那条走过一万遍的路。

找刺激谁都会。谁都知道，和不同的人谈恋爱，会收获不一样的体验。

但人不是为了刺激才活着的。

永远都在找刺激，永远都在寻求新鲜感，一件事情走上正轨就觉得无聊，不去想怎么维系它，而是想“换个人从头开始”。

这不是成年人的思维，这是三岁小孩。

3

感情就是七个字：柴米油盐酱醋茶。

学不会过平淡、稳定的日子，不要奢谈什么爱情。

前两天还有人问我，当初恋爱的时候，没有轰轰烈烈的情节，也没有大张旗鼓地表白，是不是吃亏了？

你们这些人啊，真是不知道满足。

这个世界上，能有一个真心爱你的人，这就已经很不容易了。

要啥自行车啊。

他爱不爱你，看细节，看生活，看他在心情不好或者遇到重大问题时对你的态度，并不看他追你的时候下了多少工夫。

在大庭广众下表白，享受数万人羡慕的眼光，这样就赚了？

那你明显并不需要感情啊，你需要的是虚荣。

我身边这么多情侣，没有一对是“轰轰烈烈地”谈恋爱的。所有的感情，最后都趋于稳定，归于平凡。

你问他们还有没有激情？有没有新鲜感？

他们会告诉你，这根本就不重要。

激情是易耗品，而新鲜感，是味精。

就像做饭一样，偶尔加一点儿味精，可以提鲜，但是吃多了，对身体不好。

没有味精就做不了饭了？

恰恰相反。

没有味精的情况下，做出来的菜依然好吃，这才是你的本事。

“女的果然都只爱钱”

今天听说了一个特别有喜感的故事。

一个女孩有一次过年回家，因为行李多，自己打车去火车站赶火车，结果后来她男朋友听说了，一个电话打过来：“你就不能坐地铁吗？打车多贵啊。”

是不是特别棒。

明明有那么多话可以说，这哥们儿不问“行李沉不沉、用不用我送你”，不问“车站人多不多、有没有地方坐着休息一下”，也没有说“注意安全”或者“上车了和我说”。

满脑子都在关心打车那二三十元钱。

何况这钱还不是他掏的。

就不说一个女孩拿那么多行李，道义上他是不是应该送一下。这事儿不能苛求，没准儿她男朋友腿不好呢。

但专程打电话就为了这点儿钱，同作为男人，我觉得很丢人。

同样的故事，我一个朋友做起来，就暖心得多。

他和他女朋友都在北京工作，但过年各回各家。如果他走得晚，他就送她去火车站，如果他走得早，他就在他女朋友出发之前，给她微信发一个红包，说，行李多，你直接打车过去吧。

他女朋友缺这一个红包吗？他女朋友赚得比他还多。

但她缺的就是简简单单一句问候，轻描淡写一点关心，让她明白，她在他心里，很重要。

所以说，渣男各有各的渣，但是好男人，那种发自内心的在乎，你一下就能感觉到。

比如我听过最温暖的情话，是“我看到你喜欢的东西，就想买给你”。

出门看到你想要的手机壳，于是买下来。

在商场看到你找了很久的耳机，于是买下来。

你要出差，缺个充电宝，于是买下来。

在超市看到新鲜的水果，想到你爱吃葡萄，于是买下来。

不是什么价值连城的东西，但是因为你喜欢，所以随手就买了。

我也没有信口开河，我周围的人里，锤子对他老婆是这样，周游对他女朋友是这样，大宽……大宽虽然因为长得太丑没有女朋友，但他天天梦想着这样。

想象一下，女孩收到这些的时候，该有多开心。

不在于东西有多贵、多稀缺，而在于这个恰好是她想要的。

因为这说明，你知道她喜欢什么，她的一举一动、一颦一笑、每一个高兴或者不高兴的片段，你都看在眼里。

这可比一套房子踏实多了。

就像周游经常说的，“我给我女朋友买的，保证她不会拒绝”。

就是这么霸气，就是这么贴心。

当然这并不属于多数。

不是我危言耸听，真的有不少男的，恋爱两三年，都不知道自己女朋友喜欢什么。

别看大家都很鄙视“多喝热水”这句话，真的有很多女孩，想听自己男朋友说这么一句，都听不到。

经常有人在论坛发帖，问，“大家觉得生日给女朋友送×××怎么样？她会满意吗？”

这种问题每次都让我很崩溃。

她会不会满意，这个问题要问你自己，问你的女朋友，你让群众怎么帮你？

群众觉得合适的，她就一定觉得合适吗？

如果确实有人猜中了你女朋友的喜好，那岂不是更悲哀？

说明她就不该跟你啊，应该和那个人谈恋爱。

有那个精力发帖子看回复，为什么不能多花一点儿时间，了解一下她的喜好？

说白了，还是不走心。

比如很多男生会问，女生为什么喜欢看总裁文？一看就是假的啊。

女生也纳闷呢，男生为什么都喜欢看打打杀杀的？那也是假的啊。

都是各取所需而已。

男生心里的梦，大多是睥睨四野、呼喝天下，长剑一挥统领千军万马。

而女生想要的，是甜到心底的温暖。

你真以为她们傻啊，看不出来虚构和现实的区别？

她们喜欢总裁文，是因为很多女性在现实生活中，体会不到那些无微不至的关怀和热忱。

相当一部分男生不理解这一点，也不打算理解。

所以他们追女生的时候无所不用其极，追到手了，爱咋咋地。

等到自己把女朋友作没了，再撂一句狠话：女的果然都只爱钱。

真的是这样就好了。要是每一个女生都能靠花钱搞定，我们男生做梦都要笑醒了。

因为钱好赚，心难走。有些真正能打动她的东西，不用心，学不来。

总裁文重要的，也不是男主多有钱，而是男主在日理万机的同时，依然很认真地关心着女主。

就像我朋友赵西瓜，以前也是玛丽苏爱好者，自打正经恋爱之后，就不爱看总裁文了。她的理论是，这些都什么啊，我男朋友对我比这好多了。

哦。

其实那些所谓的“你们女的果然都只爱钱”，翻译一下就是，“我满足不了你的物质需求”。

但物质上不能满足，精神上可以满足啊。

问题是你能做到吗？

女孩是可以不要房子、不要车子，但她们不能不要那些可以说明你爱她的细节。

这些你都给不了，你怎么好意思说喜欢她？

心甘情愿跟着男朋友过穷日子的女孩多了去了，这些女孩不物质，然后呢？

还不是三分之一被劈腿了，三分之一被男生的不闻不问伤透了心，剩下三分之一里，还得有一半的人，打个车都要被人数落。

所以有些人就干脆赤裸裸地追求物质去了，反正结局都差不多，还不如来点儿实打实的。

有人说你这样说不对啊，恋爱要各自独立，不能依赖别人。

那我们还谈恋爱干什么？一个人又不是不能过日子。

换句话说，可以互相依赖、互相支持，彼此让对方安心，有你在枕边我睡得着，这才是恋爱的本质。

最后是答疑时间。

文章开头说的那个女孩，后来和她男朋友分手了吗？

当然分了啊，不分留着生孩子吗？

“我只是想静静，这也叫闹消失？”

1

我有时候觉得，我的微博就跟个寻人启事似的，动不动就有女孩跑上来给我私信：长安，我找不到我男朋友了！

你们报警啊，超过24小时就可以立案了。

然后她们就说，不是的，他人在，就是不理我。

我表示不是很理解。

接着她们就给我解释，大概就是打电话不接、微信不回、短信显示“已读”，却没有下文，偶尔还发个朋友圈，和共同的朋友打听一下，才知道这人活着，就是躲着不出来。

靠，这是躲仇人才用的办法啊。

我有点儿震惊，忍不住问：你是不是拿刀捅他了？

后来就陆续收到很多故事，一上午的工夫，有的女孩就能打一两万字出来，我能吭哧吭哧看一天。

汇总一下，故事差不多分以下几种：

（1）吵架了，男的夺门而出，很长时间没有消息。女孩心软求他回来，没有反应。后来自己回来了，高高兴兴的，问女孩：你知道错了吗？

（2）快结婚了，双方压力都很大，有一天突然就找不着他人了。发疯一样和他联系，也明白他的痛苦，给了一万种解决方案，不听，最后就一句话：我们分手吧。

（3）好好地谈着恋爱，感觉也很体贴，各自回家过了个年，过年期间怎么都联系不上，回来才说：我们不合适，不如分开一段时间。再一打听，和前女友复合了。

还有更狠的，几个月不见，突然得知对方回家结婚了。

（4）习惯性玩儿消失，对自己的事守口如瓶，有的交往半年都不知道他的实际情况，动不动变成隐身人，每次女孩都快崩溃了，他回来了，好像什么事儿都没发生过。问他，他说：一个人去静了静。

我有时候真的想骂人，这种人都是怎么找到女朋友的？

我以前有个朋友，她男朋友就属于第四种，两个人就在一个城市，见一次面比登天还难，一个月总要消失那么几回，跟月经似的。

也没什么原因，男的没有不良嗜好，不抽不赌，工作稳定。女的也不是“你冷酷你无情你无理取闹”那种人，大家闺秀，成熟稳重。

后来朋友实在受不了，分了。

分了以后，有一次偶然联系上，她问前男友，究竟是什么问题。

前男友说：“我只是需要个人空间。”

女孩气得说不出话，给我们吐槽：“他需要个人空间，可以和我说啊，我不是不能理解啊。留一句话有那么难吗？”

“每次他一消失，我都担心他是不是出了什么事儿，是不是遇到了危险。到后来我每天都提心吊胆的，怕他下一秒就不见了，我觉得我随时都可能崩溃，有人想过我吗？”她打字，隔着屏幕我都能听见哭腔。

“我都在替他考虑，他为什么不能替我考虑一下呢？”她问。

这个问题倒是很好回答。

他要是愿意为你考虑，他还玩儿什么消失啊……

就因为他知道，你肯定不会走，所以他才放心大胆地说失踪就失踪。

他知道，就算他任性一把，你也肯定会心软原谅他，所以他才这么肆无忌惮。

他可能是喜欢你，但内心深处，他在乎的只是他自己。

2

去年还有一个女孩，给我讲了另一个故事。

她和她男朋友在一个城市长大，读一个高中，高二就在一起。高考她考到了另一个城市读大学，男朋友落榜，复读再考一年。

结果那一年，她男朋友几乎不和她联系，她知道他压力大、学业重，偶尔才问候一下，问候十次他能回复一次，信息也都很短。

她不介意，喜欢他，等他多久都无所谓。大学里有男生追她，都被她婉拒了。

然后到高考那几天，她想去给他打气加油，又怕他知道了影响发挥，就自己默默地坐了三个小时的车回母校，没告诉他。

高考两天半，她一直和那些家长站在校门口，顶着烈日等他。一场考试结束，她就走，不让他看见她。

后来全部考试结束，她给他打电话，没人接。又发短信，说我来这儿三天了，我想见见你，可以吗？

第一天没回音，第二天回了，男朋友说，你回去吧，注意安全。

女孩当时就哭了，一边哭一边继续发短信，说我很想你，能不能让我见你一面？哪怕你考得不好也没关系，我等了你一年了，我还可以等很久。

男朋友彻底不回复了。

她又辗转找到另一个复读的同学打听，同学犹豫半天才告诉她，她男朋友复读的时候，就和同班的一个女生交往了。

你不知道吗？同学还问。

女孩说完故事，急不可耐地问我，你说我该怎么挽回？能不能给我点儿建议？

我很纳闷，妹子，你是不是吃了什么不该吃的药了？

这种人有什么好挽回的？

这就是个渣啊，以前你没看明白，现在看明白了，当断则断，想什么呢？

这个故事和上头说的那四个故事没什么区别。你让我给建议，我的建议就是：赶紧离开他。

他要消失，就让他消失，他从来不体会你的感受，那你也别理他。天底下又不是就他一个男人。

女孩还不死心，说这样会不会错过一段好姻缘？

狗屁好姻缘啊。

你见过哪个和和美美的家庭，老公一言不合就消失不见的？

3

有个东西确实叫作“忍让”，为了爱抛弃自尊，低三下四，无限付出。

这很伟大，没什么不对的。

但还有个东西，叫“止损”。

什么意思？就是你如果发现这个人有很大的问题，而且没有改变的迹象，那趁早离开，不要心疼他，更不要心疼你的青春。

苦苦哀求，无条件挽回，有的时候，只会助长他们的毛病。有的人不是你哭几场就能感化的，相反，他们可能还更得意：你看，还有人为了我哭呢，我真的是有市场的。

所以，该走的时候就要下定决心走，头也别回。

就好像你走在路上，踩到一块儿还没干的水泥地，一只脚进去了，你是把这只脚抽出来呢，还是乐呵呵地把另一只脚也送进去？

你已经在一个浑蛋身上浪费了很长一段时间了，你又不是购物网站，搞什么买一送一啊。

恋爱中的女性应该有这样一种底气，那就是好男人多的是，我不是非你不行。

所以我也没必要惯着你，你敢玩儿消失，我就敢分手。谁怕谁。

他一吵架就冲出门，求都求不回来？行，你把门反锁上。

他从来不告诉你他去哪儿，他找你的时候，你必须都在？行，行李一收门一关，出去玩儿去，别告诉他你在什么地方。

他好几天不接你电话不回你微信，最后自己冒出来，假装什么事儿没发生过一样？行，那你也别主动找他。

必要时你也可以不接电话不回信息，同时还发着朋友圈，花枝招展。

他随随便便一走了之，你就要让他知道，不负责任的代价。

这才是正确的做法。

4

有人问我，什么样的男人算是好男人。

这个问题太大了，但有一条素质，是好男人应该具备的。那就是不冲动、不着急，有话好好说，大是大非有底线，出了问题第一时间找解决办法，而不是总想着逃避。

有心事，和女朋友讲；有困难，和女朋友说。这可能是要和你过一辈子的人，有什么是不能和她倾诉的？

我理解男性生存压力大，有时候确实需要一个人静静，但这个“静静”是有限度的，“静静”之前，起码让对方知道，怎么才能找到你。

何况有的人“静静”完了，干脆脚底下抹油跑了，那还不如干脆和女生分手，给她一个痛快。

不要小瞧女孩的力量。她们平时可能没心没肺、感情用事、大大咧咧，到关键时候，也可以是可靠的肩膀。

与其让她一边担心一边痛苦，不如两个人一起分担这种压力。

你以为你什么都不和她说，所有问题都自己扛，是对她好，实际上，只是为了知道你究竟去了哪儿，她都已经快疯了。

你以为你忍辱负重、心细如发，却往往发现换不回她的理解，实际上，不是她不想理解，是你没有给她一个理解的窗口。

比起动不动玩儿消失，还有很多解决问题的办法，什么都不说就突然音信全无，这叫不负责任。

换句话说，这些人，太自私了。

“虽然我丑，但是我有自信啊”

1

先说一个段子。

一个女孩，曾经有很多人追她，她觉得那些高大帅气的男孩容易花心，不可靠，不安全，于是答应了一个相貌平平、看上去最老实憨厚的。

两年后，她发现他劈腿了。

之所以对这个段子印象深刻，是因为我一个朋友有过类似的经历。

她刚恋爱的时候，男朋友对她海誓山盟，好话说尽。朋友之前被背叛过，很小心，还半认真半玩笑地问对方：你以后不会对不起我吧。

对方说怎么可能会对不起你，能追到你就是我上辈子积的德，对你好还来不及。再说了，我这样的，谁能看上我啊？

朋友就放心了。

后来偶然一次，她发现他的微信里有些头像诡异、昵称暧昧的女孩。

她问他这些都是谁，他说嗨，做代购的。

我们知道了，都劝她留点儿心。

哪个大老爷们儿存这么多搞代购的微信号啊。

再后来，她趁他不注意留心了一下，才发现，他上班时间都在跟别的女孩聊骚，哥哥妹妹互称，还借着出差的机会，去开房了。

得知这个消息，我们虽然有所预料，但还是很震惊。

这是什么情况啊，长这样的都能三妻四妾了？

朋友也半天没缓过神来：一直以为长得帅的靠不住，现在长得丑的也靠不住了？

另一个男性朋友率先想明白，说了两句话。

“追女孩最重要的是什么？自信。”他说。

然后他指着被劈腿的朋友，又说：“你前男友的自信，就是你给的。”

本来这个人长相不出众、智商不出众，除了看着稳重，没有什么优点。

但是他居然就在一群高富帅中突围，追到了别人都没追到的女孩。

夜深人静，转头一想，等等，有人喜欢我，说明我没那么差啊。

原来我也是有市场的啊。

以前唯唯诺诺，看见漂亮女生都不敢搭话，这不等于浪费了吗？

我的魅力，我自己都没发现对不对。

要不试试吧，先勾搭一个看看，啊勾搭上了，这么轻松？

那我再多勾搭几个。

最后就变成了我朋友发现的情况。

所以，不要以为有些人长得丑，他就不会出轨。

他只是没有遇到机会。

2

之前有人对这种问题打了个比方。

有两种人，一种人，能吃到各种各样的水果，苹果、梨子、桃、哈密瓜，他觉得都挺好吃的，所以他也不知道他最喜欢吃哪个。

另一种人，只吃过苹果，所以他说他就喜欢吃苹果，可以吃一辈子。

你敢信吗？

第一种人不知道自己最喜欢哪个，是因为他选择很多，但他肯定不能这样迷糊一辈子，如果有天他发现猕猴桃才是他的最爱，那别的水果对他来说，就没有意义了。

第二种人之所以说他只喜欢吃苹果，是因为他没吃过别的，要是有一天他吃到了香甜的桃子，又吃到了脆生生的梨，他还会在乎苹果吗？

长得好看的男人就像是有很多水果可以选的人，在确定自己喜欢哪一个之前，必然要多交往几个。

但一旦他找到了，其他的都成了过眼云烟，一挥就散。这样的人走进婚姻殿堂不容易，走进去了，一般对老婆都特别好。

比如我朋友，王董，一度也是阅尽千帆。

后来第三十九次宣布找到了真爱，我们还都不信。

结果最后他和这个真爱结婚了，现在是个妻管严。

长得丑的男人就像是只吃过苹果的人，之前从没有撩妹成功过，当然就没有什么花心的机会，所以看上去特别老实，特别木讷。

谁知道他们是真憨厚，还是藏得深？

等他们发现自己还是能往外推销的时候，事情就变了。

这就好像有些地方的农家乐一样，本来一个好好的世外小村，特别淳朴特别善良，一开始就是搭个棚子给人歇歇脚，后来来的人越来越多，形成了一个小产业，于是那些宰客、骗人、哄抬物价，就都冒出来了。

人对于金钱的态度，和对感情的态度，是近似的。

因为最开始没有，所以忽然间有了，就想要更多。

有些男人就是有这样一种迷之自信，只要有一个人对他表示好感，他就觉得全世界女的都喜欢他。

这和长相真的没有关系。

恰恰相反，有时候女的对一个男的有好感，是因为这个男的有其他吸引人的素质。

但这个男的，却把这种好感，归结到了自己的脸上。

3

有人说照你这么说，丑人不就没有活路了?

不，长得丑只是一方面，它是可以改变的。

我不是教你们去整容，不是。

长相这个东西确实没办法，娘胎里带出来的，基因什么样就长什么样。

你让所有人都长得跟吴亦凡、鹿晗、胡歌似的，也很难为人。

但本来也不需要这样。

有的人是不那么好看，可他知道用着装、打扮和言行举止，来提升自己的形象。

而有的人不光丑，还邋遢。

长得不好看没关系，注重打扮总会吧?

皮肤不好，用用护肤品可以吧?

头发一团乱，剪个利落点儿的发型可以吧?

每天洗个澡可以吧?

袜子每天换一换可以吧？

都不说时尚之类的了，至少干净整洁这一条要做到啊。

不要求你要喷香水，但身上没有异味儿，也是基本礼仪啊。

不止一个妹子和我说过，她们就喜欢有的男生身上淡淡的洗涤剂的香气，会莫名觉得这个人很可靠。

但就是这么简单的事情，很多人就是不乐意做。

不要拿什么“我不懂搭配”、“我没学过”来当作你邋遢的借口。

谁学过啊？不都是自己一点点积攒的常识吗？

网上教程一大把一大把的，搜一搜好吗？

穿衬衣的时候，下身不要穿运动裤好吗？

穿西装的时候，不要穿白色的袜子好吗？

T恤洗得领子都开到肚脐眼儿了，买件新的也可以吧？

一件T恤才几个钱啊。

然后就有人说了，我邋遢，但我有内涵啊。

或者，男人有事业、能赚钱就行了，在意什么外表啊？

问题是你得真赚钱啊。你赚了吗？

不知道什么时候刮的这股邪风，说真正有钱的男人从来不修边幅。

你们在逗我对不对。

为什么我见过的有钱男人，一个个穿着得体又有礼貌，不管长相如何，都非常重视自己的形象？

可能是开法拉利的还不够有钱吧。

4

不知道你们有没有注意过，生活中，越是干净、得体、让人眼前一亮的男的，往往越聪明，做事越可靠。

而那些越是丑且邋遢、还自认为邋遢是一种美德的人，往往越一事无成。

因为他们是发自内心的懒。

有些人看上去邋遢，是因为他们真的忙，我认识一个在电视台管着做剪辑的哥们儿，因为全节目组就他一个正经剪辑师，经常熬夜、通宵。

有时候忙活一晚上，第二天马上要讨论修改细节，连脸都没时间洗。

他当然没工夫去注重形象。

但更多人，不是没时间。

他们把时间都花在玩游戏、吹牛、打麻将和上网当键盘侠上头了。

上学时候不努力，一天到晚迷茫，工作时候不上进，得过且过，没有什么专长也没有什么正经爱好，打个游戏都被人虐。

这些人平时最喜欢的就是去微博看网红的照片，路上看见个身材好的姑娘，路都走不动。

回家还数落自己女朋友，你怎么这么胖，不能减减肥吗？

他们女朋友拿着拖把擦着地，不知道是该生气还是该哭。

这些人看到衣着整洁的男的，还会从鼻子眼儿里出口气：娘炮。

你告诉我他们比长得好看的男的可靠？

能靠得住就见了鬼了。

这种人的可怕之处，是女孩和他们在一起，没有快乐，也没有未来。

女孩承受着两人生活的大部分压力，还要被指责胖、丑，没有大长腿也没有锥子脸，慢慢地自己都开始怀疑自己：这是不是说明，我只配得上这样的人？

同时还要怀着一股希望，觉得他能良心发现、奋发图强。

与这种慢性自杀相比，发现他劈腿还是好事儿。

至少能早一点儿离开他，寻找更好的人生，是不是。

“凭什么男生就要主动？”

1

有件事我一直搞不懂，为什么差不多每隔几天，就会有女生在公众平台上留言问我：你们男生是不是都不主动跟女朋友联系。

前两天就有一个，她跟男朋友异地，只要她不主动说话，男朋友绝对不会主动找她，她以为他忙，也不敢总是打扰他，有次她给他发信息，一连两天杳无音信，她实在忍不住了，就弱弱地问他：“你好像挺忙的。”

男生说，还好，也不算忙。

女生差点儿一激动把手机摔了：不忙你两天不理我？！

她把这个故事说完，又自己分析，可能男朋友年纪小，不懂，可能男朋友恋爱经验不丰富，不知道怎么和女生聊天。

嘿，都到这份儿上了，还帮男朋友找理由呢，真是中国好女友。

不止一个女生遇到过这种情况。

我认识好几个都是，等男朋友回一条信息就跟等海淘的商品一样，快还是慢纯靠运气，想知道男朋友的动向，得看他会不会在社交软件里分享自己的动态。

甚至有的，男朋友每天跟好哥们儿聊天的时间，都比她长，要知道男朋友今天做了什么？别问他，问他哥们儿，准保比男朋友回复得快。

搞得我特别想问她们一句，你们确定对方还是个活人吗？

到底谁才是他真正的“女朋友”啊？

我不知道这些“高冷”范儿的男生是怎么做到的，反正我做不到。

喜欢一个人，怎么可能好几天不和对方联系？

喜欢就是念念不忘、不作他想。喜欢就是想跟对方说话，分享自己的日常，遇到有意思的事情就想发给她。

如果不睡在一起，晚上不说一句晚安，都觉得心里少点儿什么。

不然怎么叫喜欢？

心情好的时候找对方聊聊天，想不起来就晾着对方，自己嗨得飞起，低头一看有个一天前的信息，一拍脑袋，哦对，我还有个女朋友。

那你谈恋爱干吗呢？打发时间？

就像我一个朋友说的：我的男朋友，活在朋友圈里。

他有空回复别人的留言，有空跟朋友出去吃饭，有空打游戏，就是没有空找你。

你只知道他大概在哪儿，但不知道他的具体动向，不知道他吃了什么、做了什么、高不高兴，他既不会主动告诉你，就算你问了，也未必会说。

2

如果赶上两个人吵架、冷战，那就更爽了。

上周去商场吃饭，走的时候碰见一对情侣在吵架，吵得那叫一个凶，隔着两米远都能听见。

我也不好意思站那儿看，赶紧走了。

后来在商场里转了转，大概过了半个小时，走路回家，结果就在离商场两百多米的地方，看到刚才那个女孩，抱着膝盖、低着头坐在马路牙子上，一个人。

我一愣，路灯挺亮的，我应该没认错。

她男朋友呢？没看见。估计是两个人大吵一架，女生赌气跑掉了，男朋友也没追出来。

我一边从她身边走过去，一边在心里想，她男朋友要过多久，才肯出来找她。

我一个朋友就是，之前谈恋爱，只要一吵架，男朋友要么摔门而出、好几天不回家，要么把她一个人扔大马路上，追都追不及。

她不主动和好，男朋友绝对不会跟她说话，两个人最长的一次冷战，持续了一个星期。

但他男朋友虽然不找她，自己过得倒还不错，最后一次吵架，两个人三天没联系，她还在想他去哪儿了，结果发现他在朋友家，打了三天游戏。

于是男友变成了前男友。这时候男朋友着急了，变着花样道歉，她回了两个字：晚了。

我想说，不管吵架是因为什么，究竟是谁的错，把女生一个人扔在大街上，都是不对的。

吵完架，彼此冷静一下，没问题，但永远等着女生来道歉，也是不对的。

而两个人甚至都没有吵架，关系正常，就可以好几天不主动联系，更是不对的。

最恶心的莫过于，你一直在想他为什么不找你、不回你信息，是不是不喜欢了，自己伤春悲秋好几个小时，隔几分钟就拿起手机看看有没有新消息，然后很长时间过去，你开始担心这个人是不是出什么事儿的时候，他发了一条乐呵呵的朋友圈。

这就好像你人有三急，在隔间门口等了二十分钟，里头的人突然掏出手机，玩儿起了斗地主。

是不是杀人的心都有了。

你说他忙，或者他不习惯手机聊天，那都是借口。你试试他上司给他发信息，他敢不敢过好几天再回。

说到底，还是你不重要。

当然，他依然会辩解一些他是喜欢你的、他是在乎你的之类的理由。

但有什么用？他表现得并不像。

我的确见过有的情侣，男生时常是被动的一方，也的确见过有的情侣，两个人忙起来可以一整天不联系。

但这些被动的男生，多数是因为不会寻找话题，一旦女朋友信息发过来，几乎都是秒回。

那些一整天不联系的，晚上睡觉前也会简单聊几句，互相报个平安。

我想不出有什么样的“喜欢”，可以好几天都跟消失了一样，有他没他根本没有区别。

3

我知道很多女生会跟男朋友约法三章，比如每天至少联系一次、外出一定要报备、睡觉前一定说个晚安。

然后男生就表示你们女的真麻烦。

所以怪她咯？

要是你能记得没事儿跟她说说话、不忙的时候回一下信息、睡觉前说一声我睡了而不是第二天早晨起来才说昨晚上没看见，她至于跟个怨妇似的天天叨叨这些吗？

谁乐意把好好的日子，活得像宿管大妈啊？

正常女生都会想知道你去哪儿了，什么时候回家，不是她们心眼儿小，是她们担心你的安全。

多少男生盼着这种生活都盼不来，你要是不珍惜，就索性让给别人。别人愿意主动。

很多女生都有这种经历，第一次谈恋爱的时候各种委屈自己配合对方，各种把不高兴的情绪埋在肚子里，各种“大概男生都是这样吧”。

后来实在忍不了了，分手之后跟别的男生恋爱，才发现，哦，原来男生也不都是那样的，还是有人会嘘寒问暖、语带春风，还是有人会回她的消息，会在吵架完冷静了之后，主动示好。

瞬间就有一种青春喂了狗的感觉。

也别拿什么“第一次恋爱”说事儿。

恰恰相反，越是第一次恋爱的人，那种挡都挡不住的热情、压都压不住的思绪、甚至有点儿烦人的刨根问底，越是明显和强烈。

不会聊天没关系，聊天是门艺术，需要慢慢学。

但抽空报个平安总会吧？

她发信息给你，也不要求你秒回了，当天内回复，总会吧？

我认识一对情侣，两个人都是工作狂，没时间恩恩爱爱，就约定好，每天睡前给对方发一条空白短信，意思是，我还在。

怎么说，还是有点儿别样浪漫的。

我曾经看到过一个问题，“哪些事情让你觉得他真心爱你”。

排名第三的是“他做什么都会告诉我”。

聊天聊到一半，突然有事，说一声，然后下线。

去洗澡，洗完第一时间告诉她。

外出，告诉对方去哪儿，回来就发一条：我回来啦。

真的很忙，说我这边事情有点儿多，忙完了一定找你。

这种事情，很难做到吗？

这是正常的交往方式。作为男生，我不觉得有什么复杂的。

当然，也有人非要问，凭什么，凭什么男生就要主动？

你们脑子都进水了吧。

哪有那么多凭什么，不就是因为喜欢么。

谈个恋爱还要纠结谁应该主动的问题，要不你还是把你女朋友扔了吧。

反正你也不会主动联系她。

“你能不能别给我丢人了”

1

一个朋友曾经跟前男友一起吃饭，前男友的死党们携家带口都在，她心说也不是什么正式场合，那几天正好还不舒服，化个淡妆，小帽衫运动裤就去了。

当时前男友瞅了她两眼，没说什么。

回来大发雷霆：“你是故意去给我丢人的是吗？”

朋友一脸震惊。怎么给你丢人了？

前男友说：“难得带你跟哥们儿一块儿吃饭，你就不能好好打扮一下？成心让别人看我笑话是吧？以后再也不带你出去了！”

朋友强忍住火，问：“那你觉得我应该怎么样？”

前男友说：“你看看我那些哥们儿的女朋友，哪个不打扮得比你精致？”

朋友想起来了，在场确实有几个女孩子，浓妆黑睫毛、口红配眼影，小裙子衬着大长腿，笑起来跟打印的一样。

朋友彻底火了："你觉得我不好看就直说，拿我跟别人比，什么意思？"

前男友踹椅子。"没别的，就是觉得你丢脸！"

朋友一杯水泼他脸上，当场说了分手，从此再不相往来。

有一种丑，叫"你男朋友觉得你丑"。

嫌你不会化妆，嫌你胖，嫌你不懂穿搭，觉得别人的女朋友怎么都那么好看那么得体，你为什么不能学一学?

但全世界都可以认为你丑，他不能。

全世界都可以认为你笨，他不能。

人的自信不全是自己给的，有一部分是来自于别人，别人和你非亲非故，当然不需要帮你，但你身边的人却可以。

他应该是你经历所有的脆弱和疲倦后，最后一个港湾。

而不是拿着鞭子抽着你，说，你不符合我的要求，赶快改一改。

2

有时候觉得当女孩挺惨的。

朋友圈发个自拍，别人说你磨皮修图，不修图吧，他们说你丑。照片和真人不符，都喊你心机Girl，和真人相符，说你肯定是化了厚厚的妆——"卸了妆还能看？"

看脸，看身材，看腿，明明身高体重比符合正常水平，全世界还是逼着你减肥。今天A4腰，明天iPhone 6S腿，花样百出，想吃的不敢吃，想喝的不敢喝，算存款一样算着卡路里，就为了让别人不嚼舌头。

化妆化得美美的，一票人追在后头要看你素颜。你要真给他们看了，多么难听的话都能说出来。

都说现在全民整容，没几张脸是真的了。怪谁？

好好的谁愿意去挨刀子啊？

谁愿意二十好几岁还要戴着牙套吃流食啊？

把自己不完美的地方展示给别人，是一种勇气，但现在人已经被折磨得，连这些勇气都没有了。

胖是罪，腿粗是罪，脸大是罪，随便一个人都可以对你指指点点。

明明找男朋友的期望，就是他不在乎你化不化妆，不在乎你胖不胖。和他一起，普通衣服随便套个外套也能出门，在他面前，你可以自由自在。

结果他说，你能不能别给我丢人？

取悦别人就算了，在男朋友面前还要胆战心惊的，这还有什么意义？

喜欢一个人，就是TA在你面前放屁，你都不在乎好吗？

3

我朋友孙大萌就胖，也不是痴肥，就是软软的那种胖。

她是个吃货，名人名言是：地球可以不要，那个鸡腿必须留给我。

之前她一直不把这事儿当事儿，街上看到瘦得像竹竿一样的女孩，还有优越感，说太瘦了不健康，风一吹腿都打哆嗦。

直到有一天她在公司，听到几个同事在说，谁谁谁的男朋友因为她太胖，把她甩了。

孙大萌心里一惊，看一眼裤腰带，默默地下决心，要开始减肥。

她下过好几次这种决心，没有一次能坚持到底的，最长的纪录也就是饿了两顿，第三顿把头两顿没吃的都吃回来了。

但这次她非常认真，说不吃东西，就真的不吃东西。还瞒着她男朋友，打算等体重降个十斤，就给他个惊喜。

她上网搜各种减肥教程，什么苹果断食法、七天断食法，什么哥本哈根减肥法，全试了一遍。

基本上没有用。

后来她男朋友也看出来不对劲，问她，你最近怎么吃这么少？

孙大萌强装微笑，说，这几天胃口不好。

她男朋友信以为真，觉得是外头餐厅不好吃，在家给她煮火锅、炖大肘子。

把孙大萌急得，一边咽口水，一边小心翼翼地戳两筷子。

后来有一天她饿得实在不行了，上班请假偷偷跑回家，翻出两根火腿肠，吃得天翻地覆。

正高兴呢，男朋友回来了，一开门就愣在门口，脸色铁青。

孙大萌傻了，扔下火腿肠，跑上去拉她男朋友的手，带着哭腔说，你别生气，我再也不吃了，我好好减肥，你别嫌弃我好不好？

她男朋友说了两句话，让她一下真的哭了出来。

第一句话是：别吃那个了，我去给你做饭。

第二句话：答应我，永远不要减肥了。

再后来她男朋友开始增肥，说要胖过孙大萌，我们一起吃饭，他还给我们展示他的胳膊，乐呵呵地说，我现在胖得一戳一个洞，你们能吗？你们能吗？

那我们确实不能。

可你自豪个屁啊！

4

喜欢一个人，是接纳TA的所有，无论好坏，无论美丑，无论TA是不是和你期望的一样。

这一点，男女共通。

就像孙大萌的男朋友从不觉得她胖，孙大萌也从来不嫌他眼睛小。

就像有的人，单身的时候给自己立下了无数择偶标准，比如必须一米八以上，比如必须有高鼻梁，还有更过分的，比如必须是自来卷。

但最后真正在一起的那个人，往往不符合这个标准。

因为喜欢了，标准就作废了。偶尔开玩笑可能会惋惜一下，“你要是×××就好了”，但不当真，因为这根本不重要。

正常的男女关系，是不管你在别人眼里什么样，在我这儿，你就是最美的，给我整个宇宙，我也不换。

好看的人多了，一山还有一山高，你都揽到怀里来？

这又不是买东西，你想要某种薯片，就一定能买到这种薯片。

抱着“我不能让她给我丢人”的心态去谈恋爱，结局就是孤独终老，因为你永远在比较，比来比去，永远没有穷尽。

是她重要，还是你的面子重要？

就像养猫，我当然希望它乖巧懂事、不抓沙发、不咬窗帘、不一有情绪就乱尿尿报复我啊对不对。

但它肯定做不到，我也肯定不能因为这个就扔了它。

比起给我带来的小麻烦，它开心，更重要。

为什么有这么多渣男？还不都是你们惯的

1

先说个故事。

上个月和朋友吃饭，说到他认识的一个女孩，最近被男朋友绿了，天天以泪洗面。

这个女孩和她男朋友是在上大学时认识的，恋爱两年，临毕业，男孩想考研，但是家里条件不是很好，一直在犹豫。

女孩本来也想考研，看到这种情况，果断放弃了之前的计划，对男孩说你去读研吧，我去上班，你的生活费，我来出。

男孩一开始不接受，说我家里可以出一些。

女孩说你妈妈身体不好，别给他们增加负担了，交给我吧。

男孩很感动，说，你对我这么好，我都不知道怎么办了。

那你以后娶我啊。女孩笑着说。

嗯，我会娶你的。男孩也笑。

然后呢？然后这男的考上了研究生，去另一个城市读研。女孩上班，下了班还做一份兼职，每个月把生活费打给他。

再然后，研究生毕业前，男孩突然不见踪影，怎么也找不到。

女孩多方打听才知道，男孩读研第一年就和别人谈恋爱了，还是用她的钱。

她再找男孩，男孩给她发了一条信息，对不起。

接着拉黑了她。

听完我陷入了深深的震撼。卧槽这是真事儿么？我问。

可不真事儿么，朋友说。

我不知道该说什么。

过去我一直觉得，那种“女的辛苦工作供男的读书、最后惨遭始乱终弃”的故事，只能发生在小说里。

没想到，还真的有啊。

2

这件事让我想起我一个朋友说的话。

什么是现实？一个男的对一个女的掏心掏肺地好，女的会感动，然后和他好好在一起；一个女的对一个男的掏心掏肺地好，男的会感动，然后和别人在一起。这就是现实。

为什么会这样？我不知道。

我只知道几个事实。

有男的忘了自己女朋友的生日，隔天道歉，不好意思啊，最近太忙了，过两天给你补上。

最后也没有补上。女的觉得无所谓，但过阵子在他手机里，发现了她给别人发的生日祝福短信。

有女孩发现男朋友和前女友在暧昧，责问他之后，他保证说不会再和前女友联系。

半年后女孩发现，她上个月出差的那几天，男的一直和前女友在一起。

还有我认识的一个女的，在家忙前忙后，把二人世界打理得井井有条，结果她老公在外头说她从来不干活儿。

有人劝女方，不能什么事儿都是你做，该让他分担的时候也要让他分担。

女孩圆睁两眼：怎么能让男的干家务呢？

我去，男的怎么就不能干家务了？！

3

很早之前，有人给我说过她朋友的事儿，她朋友喜欢上一个同事，悄悄开始了办公室恋情，但谈了两个月突然得知，这个同事还有一个“女朋友”，就在他们隔壁公司。

一般情况下，故事到这儿就该结束了对不对？

骂渣男一顿，拉黑，老死不相往来，他爱找谁找谁。

很可惜，这些都没有发生。

女孩发现这件事的时候，也去质问了男同事。

男同事痛心疾首地说，我和她只是一时冲动，一直没找到合适机会说分手，我早就不喜欢她了，我爱的是你。

于是女孩就迷失了。

关键在于，这个同事也没有要掩饰的意思，两个女孩很快就知道了彼此的存在。

但没有一个人觉得哪里不太对。两个人都坚定地认为，男的最爱的是她，另一个人只不过是“一时冲动”。

接着就展开了旷日持久的争夺，这个女孩给男的买饭，另一个就带便当，这个女孩给男的送衣服，另一个就送水杯。

这样将近一年，男的都没找到“合适的机会”，和其中哪个说分手。

我朋友好几次看到这个女孩，在公司的茶水间偷偷哭。

我听得嘴巴都合不拢了。

这男的是长得跟胡歌一样吗？我忍不住问。

你想啥呢，讲故事的人说，那男的比你还丑。

……我表示情绪很稳定。

本来么，这事儿和丑不丑关系也不大，有些人就是巧舌如簧，想骗谁骗谁。

但问题在于，有人甘心上当啊。

这两个女的但凡有一个清醒一点儿，果断全身而退，就不会把自己搞得这么惨。

或者两个都冷静一些，早就都走了，剩下渣男一个，孤苦伶仃。

偏偏两个都失去了理智，被人耍得团团转，还以为是在守护真爱。

4

这方面，我比较佩服我的朋友赵西瓜。

赵西瓜有一年认识一个男的，在微信里对她穷追猛打，还时不时给她送些小东西。

后来男的约赵西瓜吃饭，顺便看电影。赵西瓜答应了，但不想占人太多便宜，就自己买了两张电影票。

那天饭吃得还是其乐融融，男的不惹人讨厌，也会聊天，赵西瓜有些心动。

饭吃到一半，男的来了一个电话，他有些慌乱，迅速把手机摁掉。

赵西瓜眼尖，早看到来电显示是“宝贝”两个字。

她心里一咯噔，知道碰上渣的了，脸上还不动声色，问：原来你有女朋友啊？

男的一惊，瞬间换了一张苦瓜脸。

唉，我和我女朋友，面合心不合。他皱着眉头说。

赵西瓜起了一身鸡皮疙瘩。

接下来的时间，男的把他女朋友的缺点说了个遍，把这个无辜的女孩说得一无是处，最后点题：其实我早就想和她分手的。

她要是有你一半这么好，我就知足了。男的一边说一边凑过来，要牵赵西瓜的手。

赵西瓜强忍住没翻脸，迅速把手收回桌子底下。

本来吃完饭她打算走，可电影还没看，票都买了，怎么说也是钱。

她只好硬着头皮和这个男的去看电影。

结果这男的在电影放映的时候就开始动手动脚，还暗示，他今天可以不回家。

赵西瓜猛地站起来，抽了他一个嘴巴子，转身走了。

这事儿还没完。

本着打抱不平、没有麻烦也要制造麻烦的原则，赵西瓜打听到了那男的女朋友的电话，给她发了一条短信，让她小心一点儿。

结果女孩给她回复：你是谁啊？我不信他会做这种事，请你不要插足我们的感情好吗？

这孩子，没救了。赵西瓜晃晃手机，和我们说。

5

我们经常说，爱一个人就是无条件付出、全身心地对他好。

付出没有问题，但无条件这三个字，有问题。

对一个人好，不意味着所有的事情都要顺着他。

你也是个人，有七情六欲，有追求，有脾气，分得清对错，知道好歹，有时候必须考虑一下自己。

想要什么就说，有不满就提。他总是约会迟到，你当然可以不高兴，他忘了你的生日，你当然可以闹一闹。

只要在适当的尺度里，你应当让他知道你的想法，让他明白，不是他干什么，你都会原谅。

同样，他背着你和别人不清不楚，你当然可以质问他。

他做事触及了你的底线，你也当然可以离开他。

有些事不是忍让可以解决的，你忍了，结果只是感动了自己，却养出了一个浑蛋。

而且没有谁离不开谁。

没准儿你走了之后就会发现，本来你的生活可以更好。

不要觉得你做出了牺牲就会怎么样，如果所有的付出都能收到回报，世界早就和平了。

也不要奢想什么伟大的爱情，爱情伟不伟大，那都是别人说的。

日子过得怎么样，吃了多少苦，只有你心里明白。

CHAPTER 03

失恋症候群

“为什么谈恋爱这么难？”

“为什么谈恋爱变得这么难了？”

1

我有一个朋友，单身好些年，最近看了几场爱情电影，少女心勃发，哭着喊着要谈恋爱。

我说这个简单啊，满世界是男人，总有一个你看上眼的吧？

朋友说不是啊，你不觉得谈恋爱很难吗？

哪里难了？

喜欢就表白，成功了就在一起，不成功找下一个，不难啊。我说。

你说得轻松。朋友说，第一眼看上了，要找机会说话吧？万一聊不到一块儿怎么办？两个人都不说话，给谁默哀呢？有了共同话题，就要考虑将来一起生活，是不是又一堆问题？到我这年纪，恋爱多数都是奔着结婚去的，我总不能等结婚了，发现不合适，再离婚吧？

哦，她今年27岁，家里催婚，已经催了两年。

真的，都快不会谈恋爱了。朋友说。

这种时候，一般都应该我出马，告诉她爱情很美好恋爱很温馨喜欢就要上一类的话，灌一碗鸡汤，打一打鸡血，安慰加鼓励。

但我仔细想想她那一连串问句，发现那些话其实一点用都没有。

再仔细想想，周围单身的朋友一大把，年龄相仿，境遇相似，每年的愿望就是脱单，但一直都没有实现过。

也不是没有“好像还挺合适的”那个人，但最后还是都没有走到一起。

什么时候，谈恋爱变得这么难了？

2

我们上学的时候，好像一切都很容易。

小学对一个人有好感，可能就因为他是班长、她辫子长。

初中对一个人有好感，可能就因为他个子高、她喜欢笑。

高中对一个人有好感，可能就因为他学习好、她爱看书。

那会儿世界很单纯，不着急表白，不指望回报，看他一眼都觉得开心，天天幻想上学路上会不会偶遇、食堂排队他会不会就在前头，上午出操偶尔打个照面，都面红耳热、心脏能停跳两分钟。

那会儿的恋爱也很容易，偷偷传个纸条、课间在楼梯拐角说说话、躲着家长把那些小心思写在有锁的日记里。

甚至一起出去买个头绳，敢拉个手的，那都是英雄。

到了大学，“恋爱”这件事就开始复杂了。

大一，他够不够体贴、能不能在全宿舍组队打怪杀BOSS的时候接你电话。

大二，他情人节送你什么礼物、用不用心。

大三，他暑假会不会陪你、每天的晚安短信有没有忘。

大四，他对未来有没有规划、出国考研还是工作、需不需要异地、异地多久……

转眼到了工作，问题又发生了质变：他工资多少、花销多大、我们在哪里开始将来的生活、什么时候结婚、能不能买得起房、他家长怎么看我、要不要孩子、要几个……

这就好像学游泳，一开始只要不淹死就行，后来开始讲究姿势，姿势对了，还要力度，力度对了，就要追求速度。

对，我说的是游泳，你们不要想歪……

发展到最后，标准泳池里不能一口气一个来回，你好意思说你会游泳?

“喜欢”这个词，也会发生变化。

年少时候喜欢一个人是“找不同”，越标新立异的，越招人喜欢；越是和自己不一样的，就越吸引你的注意。

你活泼，他安静，他坐在那里，身上就有一道光。

他抱着个篮球拍拍打打，你在教室一待就是一天，你一拢头发，他就看你一眼。

而一旦到了“适婚”的年纪（我怎么觉得我像个老鸨一样……），喜欢一个人就变成了“找相同”。

兴趣、爱好、性格、家庭背景，但凡有一点相悖，你们之间就多一道坎儿。

你抱着电脑看韩剧，他说你俗不可耐。

他一回家就打游戏，你说他没有上进心。

说多了，必然争吵；吵多了，一拍两散。

所以SHE唱的“我不想我不想不想长大”，不纯是唬人的。

年龄越大，谈恋爱就越难，因为已经不再是你喜欢我、我喜欢你就可以在一起的情况了。

他背后有他的父母，你背后有你的诉求，两个人站在一起拿着笔画未来，结果一不小心，画出了两条不相交的平行线。

还恋爱呢，不反目成仇就不错了。

3

听别人说过一个故事，真假不知道，但很耐琢磨。

一个女孩刚过25岁，她那场旷日持久、对象一穷二白的青涩恋爱便结束了，从此便叫嚣着一定要找个有钱的，多老都行。

后来真的找到了一个。男方大她十岁，不过她不介意，欢天喜地地搬进了别墅。

不到半年，女孩自己提出分手，又搬了出来。

不是男的不好。据她说，也是温柔体贴善解人意那种。

但就有一个问题，两个人的生活方式相差太远。

男的大学没毕业就自己闯荡，拼到三十五岁，有两家公司，平时忙进忙出，很少有休息时间，休闲娱乐以深夜看球为主。

而女孩在美国读的硕士，原则性不加班，绝对不把工作带回家，活得简单、充实，看书很多，电影话剧如数家珍。

结果就是，两个人一天说不了几句话，一说话就闹矛盾。

她不明白他为什么没有时间陪她哪怕就逛一次街；他不明白为什么她要看一些不搞笑、不刺激，全程都没几句台词的电影。

不是不理解，是没有办法理解。

女孩以为，为了别墅，她可以无条件忍让。

后来发现完全不是这么回事儿啊，有些事可以忍，有些事，如鲠在喉，吐不出来，咽不下去。

朋友们都羡慕她找了个有钱的，下半辈子吃穿不愁。

她却羡慕她们的男朋友，虽然工薪一族，但每天都可以坐在一起，吃一顿晚饭。

4

一提到谈恋爱，我们每个人都说自己要求不高。

有钱就可以、有身材就可以、一米八就可以、软妹子就可以……

可真的要一起走下去，这些都变成了附加题。

什么是附加题？答对了加分，答错了也没关系，能不能通过考试，看的反而不是这些。

有的人很符合条件，但我就是不喜欢啊。

有的人我很喜欢，但TA不喜欢我啊。

还有的人会劝你，差不多得了，看到经济条件不错的，就从了吧。

哪儿那么简单？

要从你早就从了，何必等到现在？

你一个人孤孤单单等这么久，不就是想等那个合适的人出现吗？

问题是TA什么时候出现呢？

试了一个不对，试了两个不对……有时候想一想前路艰难，我们就退缩了。

反正一个人好像也挺舒服，反正一个人也能过得很好，一个人虽然偶尔会寂寞，但多数问题都可以顺利解决。

与其要无穷地和对方磨合及面对各种鸡毛蒜皮的问题，不如把时间花在别的事情上。

于是很长时间都是一个人。

于是每一年结束，计划清单上，“脱单”后头都画着一个叉。

于是情人节、圣诞、520，都变成了购物节。

于是那些日子里，闺密爽约去陪她临时取消加班的男朋友，你只能带着刚化好的妆缩在沙发里刷手机，外卖点了一份单人餐。

于是那些日子里，酒局未能成行好，哥们儿在家哄老婆，你重新打开电脑鼠标停在熟悉的游戏上，犹豫是不是再打一盘。

于是你又翻开了朋友圈、微博，看看那个人在干什么。

看到TA也是一个人过，你长出了一口气。

“节日快乐！”你留言。

"因为追你，我变得更好了"

1

一个朋友听说我学过吉他，前阵子一直软磨硬泡让我教她几手。我拒绝了。倒不是我不想教，而是我当初根本就没学会。

后来她只好报了个吉他班，一天三四个小时，辛苦地练琴，上着上着班，突然想到一首歌，手就跟去抓瓜子一样不自觉地蜷起来了，在幻想中找和弦。这是个每天下班一定要看三集韩剧，跟我一样得过且过的人，不知道着了什么魔，忽然变成了一个勤奋上进的好学生。

我问她怎么一夜之间换了个人。

她很不好意思地说，因为最近在追一个人，他吉他弹得很好，她想更接近他一些，所以她也要学，这样就能有共同语言了。

你说，他会因为这个喜欢我吗？朋友问我。

我看着她手腕一抖，轻轻松松弹了一首我过去学半年都没学会的歌，忍不住想：你都掌握了这么厉害的技能了，追不追得上他，也并不重要了吧？

2

不停有女生问我，喜欢一个男生，要不要追他？

追吧，能不能追到手无所谓，但在追他的过程中，你会更好地认识自己。

之前对一个问题很好奇，问了好几个女生：你是因为什么学会化妆的？

有几个人给了我同样的答案：因为喜欢上一个人，觉得世界都美丽了，但自己一天天蓬头垢面的，觉得太不搭调。

于是以前不会描眉的，学会了描眉。

以前不涂口红的，口红色号倒背如流。

以前洗把脸就睡觉的，明白了什么叫护肤、为什么别人皮肤看着都那么好。

以前牛仔裤平底鞋走天下的，也开始尝试穿连衣裙阔腿裤小洋装，意外地发现，原来变美了，自己心情也会跟着变好。

有一个学姐，上大学的时候出了名的会打扮，永远花容笑貌，妆容得体，下楼取快递，都要穿的阳光明快。

不少女生说她不要脸，连快递小哥都想勾搭。

她起初不知道，后来知道了，无奈地笑笑。

我当时就是想，她说，如果我喜欢的那个男孩子刚巧从那儿经过，看到我蓬头垢面的样子，我得多后悔啊。

后来呢？我问。

后来他从没有打那儿经过过，我表白了，也没有把他追到手。学姐又说，但我觉得没关系。

“如果不是因为他，我自己都不会知道，原来我可以那么美。”

3

追一个人辛苦吗？辛苦。

付出得不到回报，心意得不到理解，费尽所有努力去接近他，却可能敌不过别的女孩一个简简单单的眼神。

后悔吗？

不需要后悔。

每个女孩心里都有一个男神，为什么他是男神，为什么不是别人？

就因为他好看？好看的人多了去了。

他之所以是你的男神，是因为他身上，有特殊的闪光点，有你之前没有接触过的领域，有你想要为之奋斗的目标。

你一点点学着你曾经以为你绝对学不会的东西，一点点了解你曾经以为你不感兴趣的事物，一点点接近他，缩短距离。

可能最后也没有把距离变成牵手，但无所谓，你正走在一条让自己发光闪耀的路上，你自己还没有意识到而已。

认识个妹子，以前追一个男生。男生狂热地喜欢摄影，无时无刻不沉浸在自己的兴趣里。她想靠近他，于是假装自己也爱摄影，结果没聊几次天男生就把她看穿了，男生说：其实你并不懂这个对不对?

这句话刺激了妹子。她翻遍了市面上靠谱的摄影教材，看了无数篇网上的教程，死皮赖脸地跟着男生那个小团体去取材、练手。

最后她没追到男生，男生跟另一个女孩在一起了。

但她学到了一手摄影技术，慢慢地，也敢在外人面前展示自己拍的照片。到现在，工作之余，她还会接一些约片的活儿，赚不少外快。

所有人都说，你真有天分。

她乐了。“我哪有什么天分啊，说到底还不是被‘想睡他’这个龌龊的想法，给逼出来的。”

人有习惯性排外的心理，你不会莫名其妙地看到陌生人身上的优点，多数时候我们看谁都像是二货。

这种情况下，“好感”这两个字，对于一个人的成长来说就很重要。

换句话说，你喜欢的不完全是他，而是他身上那些你没有的、优秀的特性。

这些特性，总能在不经意间，为你打开一扇新世界的大门。

所以因为追他，你变得更好了。

这么好的事儿，搁谁谁不干啊?

4

我和朋友刘大头相识好几年，我一直不知道，这妹子居然还会编程。

有一次我因为一个工作文档愁得茶饭不思，她问起来，随手甩给我一个小程序。

以前胡乱做的，你试试吧，应该能用。她说。

结果果然能用。

我从此对她佩服得五体投地。

看不出来啊，大神还有这一手。我说。

她呵呵两声，说，刚工作的时候为了追一个工程师学的，深了学不会，简单的还能炫耀几下。

她现在的男朋友不是工程师，所以我没好意思问后来怎样。

不过，就算没有怎样，也无所谓了。

所以现在再有人问我，喜欢一个男生要不要追，我都会说，只要你真的喜欢，就放心大胆地追吧。

没准儿稀里糊涂就追到手了，白捡一个男神，你不亏。

当然也没准儿，你在追他的路上跌得头破血流。

但这摔出来的每一道疤，最后都会成就将来的你。

“他对我那么好，还是说走就走了”

我的朋友简婕，第一次失恋的时候，哭得那叫一个惨。

明明平时大大咧咧的，没心没肺，就没见她有难过的时候，那次不行了，几个人怎么劝都没用，哭得止都止不住。

其实翻来覆去就一句话：“他对我那么好，为什么说走就走了？”

她男朋友对她确实很好，鞍前马后，任劳任怨，从来不说一个“不”字。简婕有什么问题，他第一时间出现在她旁边。就算是出差，也坚持每天一个电话，随时通报自己的行程，三年时间，从没有间断。

有一次简婕下楼踩空，脚踝骨裂，他正在天津开会。简婕怕他担心，就没和他说，自己去了医院，打完石膏回家才告诉他。

本来他还要在天津待两天，知道以后，会也不开了，连夜开车赶回来，一刻都没休息，直奔超市买了两斤大骨棒，说要给简婕炖骨头汤喝。

就是这样一个好男人，前年突然跟简婕说分手，把我们吓了一跳。

没说理由、没说原因，从头到尾毫无征兆，简婕也无心去细究，她就是一遍一遍地问：为什么他说走就走了？

同样的问题，我被问过很多次。

“为什么他之前还好好的，突然就对我冷漠了？”

“为什么五年、十年的感情，一秒钟就变成路人？”

“为什么他说一辈子都对我好，却说话不算话？”

对啊，为什么？

有一种原因，是他喜欢上了别人。

之前有个女孩和我说，她觉得她男朋友不太对劲，以前什么都顺着她，从来不说她的不好，最近却老是主动跟她吵架，动不动挑她的毛病，还暗示说要分手。

她说是不是她真的有问题？

我说不一定，你观察观察看看。

过一周给我回复：他劈腿了。

再查查他劈腿的时间，刚好是一个月以前，也就是他开始挑她毛病的那段日子。

你看这个男生多精明。

明明是他犯的错，不说，先说女孩的不是，一方面，让女孩自我怀疑，在气势上压过她一头；另一方面，逼着女孩反击，把事情闹大，直到她忍不了，只要女孩“分手”两个字一说，顺水推舟，成功脱身。

事后还可以找借口：是你说分手的，受伤的是我，我和别人在一起，也是因为太伤心了。

等那时你再想知道，他究竟是不是移情别恋在先，也变得很难。

很多女生问，男生可以这么绝情吗？几年的感情说扔就扔。

那不然呢？反正已经有下家了，上家有什么好留恋的？

他绝情，对你来说是好事儿，等于间接地提醒你，你也该撤兵了。由衷地祝他一句“孤独终老”，该干什么干什么。

这才爽啊对不对。

难道他一边牵着别人的手，一边一步三回头地望着你，你就舒服了？他就是好人了？

都是渣，还分什么三六九等吗？

这时候，他以前对你的好，反而显得更加刺眼。

因为他那些体贴、温柔、无微不至，会统统给别人。

就像一个人，每天给你一个苹果，有一天突然不给了，让别人吃了。

你恨不恨他。

还有一种原因，是疲倦。

人是一种很奇怪的生物，单身的时候天天哭着喊着要脱单，真的有了另一半，有时候却扭头怀念当初孤身一人的日子。

去年一对认识的情侣分手，男生提的，也是一度如胶似漆，转身却毫不留情。

我纯属好奇，问那个男生是为什么。

他说，就是累了啊。

我可以对她好，自然也可以不对她好。他又说，来去自由，你懂的。

……我懂个屁啊！

对一个人好是发自内心的，是因为喜欢，所以才认真，什么叫“来去自由”？

你以为耍猴吗？

后来想想，是我天真了。

很多次说过，男生有“照顾人”的需求，他们需要一个出口，来显示他们的男子气概，来体现他们的主导地位。

有时候，这种“照顾人”的想法，很容易和“喜欢”混在一起。

所以他最初和你在一起，也许不是因为他有多喜欢你，而是因为他觉得你需要他的照顾。

所以你问他“你喜欢我哪一点”，他答不出来，因为他喜欢的，是他照顾你的时候，他自己的感受。

这样的感情里，你以为你一言九鼎，说什么是什么，好像特别威武。

但其实真正占上风的，是他。

严格来说，这种关系很可怕，就跟温水煮青蛙一样，你慢慢习惯了他的照顾，习惯了他的温暖，没料到他釜底抽薪，水一下凉了。

你不是被煮死的，你是被冻死的。

他没有喜欢别人，也没有对你失望，他就是突然对这一切失去了兴趣。

尤其是如果他单方面对你好，你习以为常，忘了你也应该回报他的好，这种热情，丧失得更快。

但归根结底，他就没有为你想过，虽然他好像很在乎你，但他真正感动的，是他自己。

就像养宠物一样，有的人就可以尽心尽力照顾宠物一生，有的养在家里玩儿两天，觉得没意思，就把宠物抛弃了。

这是一种深层次的坏。

你都不会想要指责他，你还会怀着希望，想，他就是要冷静一下，过段时间还会回来的，对不对?

很抱歉，他不会回来的。

其实不管是因为哪个原因，简单说就是一句话：他再也不喜欢你了。

他对你好，嘘寒问暖无所不能，确实很温暖，但主动权在他，而不在你。

现在他不想对你好了，他想退出了，所以他头也不回地走了。

你哭也好，不哭也好，“要留一个潇洒的背影”也好，或者“痛痛快快地发泄一场”也好，对他来说，已经没有任何意义。

你的应对方法，有且只有一个。

就是把过往的温情当作美好的回忆，然后大踏步向前走。

不管他是喜欢上了别人，还是单纯对你失去了兴趣，事实都已经不会改变，那就是他不会再像以前一样对你好了。

而你也并不需要这种好。

他只是一个过客，陪你走了一小段路，还会有另一个人出现，和你一起，把这条路走完。

之后你想起他，也许会说，这个人曾经对我很好。

但是“曾经”，也就意味着，他对你已经不再重要。

哦对了，你问开头说的那个简婕，她男朋友是为什么走的？
那孙子移情别恋了。
呵呵。

“爱情能打败一切吗？”
“不能。”

以前写过一个故事。

一对情侣，真爱，关系特别好，后来打算结婚，男孩信心十足地跟着女孩回家提亲，结果女方家长死活看不上他，知道他不是很有钱，就拿五十万元的彩礼给他添堵，少一分都不行。

女孩跟家长吵，没吵过，后来被家长强行要求回家乡考公务员，离男孩越远越好，最后两个人只能无奈地分开。

故事发出来，有读者评论：这两个肯定不是真爱，如果是真爱，不管怎样都会在一起的。

我犹豫了很久，不知道该怎么回复她。

是，是能在一起，比如像我一个朋友那样，偷偷从家里溜出去，一个人悄悄北上，和北京的男朋友会合。

又比如像赵西瓜给我讲过的一个故事，男孩不惜与所有的亲人、朋友反目，坚持和他女朋友在上海相聚。

可惜，这种故事太少了。

我知道很多人是怎么想的：真爱无敌，所向披靡，爱情打败一切。伟大而坚韧，藐视众生。

问题是，爱情并不能。

1

前些日子，一个认识的女孩突然开始相亲，把我吓了一跳。

你男朋友呢？我问。

分了啊。她说，我妈都把菜刀举到脖子上了，我能怎么办？

她妈的脾气我领教过，所以我没说话。

从她第一次把男友带回家开始，她妈就各种挑毛病，一会儿说太矮了，一会儿说太木讷了，翻来覆去一句话：他不适合你，你相信妈，我是过来人。

有人给她出主意，拖着。不说分，也不说不分，就一年年往后拖，家长都想看着子女结婚，你妈肯定比你着急。

中间再安排男友多上门几次，好好表现一下，你再多做几次旁敲侧击，最后肯定成了。

结果呢？结果就是她妈大发雷霆，以死相逼。

她也没办法，心灰意冷，慢慢就和男朋友断了。

五年的感情，不是说放弃就能放弃的，所以我不敢仔细问。

如果按照“爱情可以打败一切”的说法，怎么会这样？

如果爱情可以打败一切，他们最后肯定终成眷属，她妈喜笑颜开，兴高采烈地认这个女婿，而不是转头拿起了菜刀。

我那么些个朋友，也不会因为家长的强烈反对，被迫和喜欢的人分道扬镳。

这种事，不是你坚持，就一定有好结果，有时候越坚持，结尾反而越惨烈。

这是爱情的第一个阻碍，我管它叫“你妈逼你和他分手”。

2

爱情的第二个阻碍，是钱。

不好意思我要又低俗了。

话说回来，提钱到底有啥低俗的？

哦，不好意思跑题了。

有个朋友，一直以来的愿望就是能有一套属于自己的房子，一有空闲就遐想，房子应该怎么装修，应该买什么样的家具。

她在北京打拼很多年，也攒了些钱，后来恋爱了，各自都觉得没了对方不行，就和男朋友商量，要不要买房。

她男朋友工作赚得不多，她就干脆表示，她来出首付，他只要和她一起还贷就行，房本联名。

说实话，这简直就是新时代女性的扛把子啊。

但她男朋友不同意，说钱应该花得有意义，不想被房子捆住。

朋友一开始心平气和的，想说服男朋友，后来男朋友不耐烦了，和她吵，吵来吵去，朋友大哭一场，提了分手。

我们说，你们早该分了。

朋友说，我喜欢他，现在也喜欢，除了这一个问题，他都很好。

按照某些人的理论，这两个人之间有爱情，为了爱情，她就应该妥协，房子算什么，两个人一起才最重要。

但她妥协了，谁给她妥协?

她牺牲了对未来房子的所有构想，到底是成全了谁?

成全了爱情?可她明明会过得不高兴。

一段有人过得不高兴的感情，还能算爱情吗?

如果她男朋友赚得多，就不会在乎一起还贷这件事。

如果她赚得再多一些，她都不需要一起还贷，房子买好，我爱谁，就让谁来住。

这就是爱情的第二个阻碍，我管它叫“感情再好，你们还是得吃饭”。

3

虽然我一直在写爱情的各种故事，我也相信爱情的存在。

但我从来不相信，爱情可以打败一切。

因为爱情太难定义了。

一个已婚男，结婚三年，孩子一岁，忽然和另一个女的相爱，两个人兴趣相投、性格契合，彼此觉得对方才是一生的伴侣，这算不算爱情？

如果爱情打败一切，结局就应该是他们两个在一起，男的离婚，抛妻弃子。

这样听上去还伟大吗？

你很爱你的父母，你也很爱他，但父母说你要和他在一起就跟你断绝关系。你和他算不算爱情？

如果爱情打败一切，结局就是你和他在一起，父母和你老死不相往来。

这样听上去还伟大吗？

你快结婚了，前男友突然回来找你，说还是觉得你好，想和你继续往下走。你一直都忘不了他，项链是他送的，手机里还留着你们所有的合影。你对他算不算爱情？

如果爱情打败一切，结局就是你回头和前男友复合，把你订婚的对象一脚踹开，给他留下一个无法计算面积的心理阴影。

这样听上去还伟大吗?

类似的阻碍还有很多，比如异地，比如手机密码，比如前任，比如“你以为这就是你的真命天子了，结果有个比他更好、更爱你的人出现在你面前”。

如果爱情能打败一切，那异地恋也就不会分手了，他告不告诉你他的手机密码，也就无所谓了，他张口闭口的前任，你也不会放在心上了。

但你做不到。你做不到的原因，你看不开、放不下、明知道可能会两人反目但还是要大吵一架的理由，反而恰恰是因为爱情。

爱情不是你一个人说了算的，甚至也不是两个人说了算的。

何况爱情这个词，实在太宽泛。

上头说的都是真实的例子，都是血淋淋的现实。

现实就是这样，处处有坑等着你，打着横幅欢迎你往下跳。

真爱不代表一定可以幸福，喜欢不代表一定能走到最后。

这不是算术题，只要推导的过程是对的，最后就一定能得到正确的答案。

生活的可怕之处就在于，你觉得你就要解出来了，试卷的下半部分被狗吃了。

你还不能弄死这条狗，因为你根本打不过它。

人是要生活的，生活就要和其他人打交道，就要维护和别人的关系，要有钱，要有资本，要踏踏实实地过日子。

爱情打败一切，当时是伟大了，以后呢？

盲目地相信“爱情可以打败一切”，并不能帮你过上想要的相濡以沫、白头偕老。

那我们是不是不应该相信爱情？

当然不是。

在一起的时候，不遗余力，不得不分开的时候，给彼此一点退路，留下最宝贵的回忆。

因为我知道爱情不是万能的，所以我才更珍惜你的陪伴。

以后我们也许会分开，但分开的理由，绝对不是因为我。

这才是我们应该有的信心。

“哭着求前男友复合的样子，真的很丑”

1

去年跟朋友吃饭，听人说过一个故事。

她比我高一级，暂且叫她学姐。故事发生的时候，她大四，有一个男朋友，比她大一届，恋爱两年，男朋友毕业，去另一个城市找了一份工作，所以，他们要异地一年。

男生说得很好，假如他工作比较顺利，那他就先在那个城市扎下根，做好准备，等学姐过去。

假如不顺利，那他就回北京来找她。

我们只分开一年，男生说，以后就永远在一起。

学姐信了。她熬过了大四艰难的一年，在实习和论文答辩中突围，还计划好了去那个城市的话，可以做什么样的工作。

结果毕业前几天，男生给她发微信，说，我们分手吧。

先不说这种微信分手是不是很贱。

反正学姐是懵了，打电话发微信，终于从男朋友口中套出来，他去那个城市上班的第二个月，就追求他通过一个活动认识的一个女孩，还追到了手。

男生说，她比你温柔。

然后他一鼓作气，分门别类，列了学姐的五条“罪状”，从哪天学姐因为他迟到跟他发脾气，到哪天学姐教育他不能老是逃课。

说实话，看得我们叹为观止：卧槽哥们儿你记性够好的啊。

简单说就是一句话：她比你好，你也别来找我了，我们不可能了。

学姐不甘心，一天打三四个电话质问他，哭着求他，说她有什么错，她都可以改。

男生不理，她就坐火车去找他，但到了目的地，却发现她不认路，人生地不熟的地方，她不知道他具体在哪个位置。

好在她在那边还有个朋友。朋友安排她在自己宿舍住下，第二天再说。

宿舍的人也都是大四，差不多搬空了，学姐一个人睡在空无一人的宿舍里，窝在一张上铺床上，继续哭着发微信：我自己很怕，你能来找我吗？

没有回音。第二天，学姐找到男生公司的地址，一大早过去，微信说在楼下等他。男生干脆请假，就是不出现。

学姐发疯一样在楼下拨那个永远无人接听的号码，哭得路人频频侧目，直到对方把她拉黑。

最后学姐只能哭着回来，整个人瘦了一圈，这时候她还在幻想，男朋友只是一时迷糊，早晚还回来找她的。

后来呢？我问。

后来也没有啊。学姐说。

现在想想，我就是有病。学姐又说，他已经说了不喜欢我了，我还上赶着求复合，真是丢人啊。

我说，嗯，还好。

学姐问我敢不敢写她的故事。

我说不写，太惨了，我可是一字千金啊，你给我多少钱？

学姐假装没听见，说你写吧，以后再有人问你要不要和前男友复合，你就和她说：姑娘，没有人告诉过你，你哭着求前男友复合的样子，真的很丑吗？

2

之前也有朋友跟我探讨，为什么那么多女孩，想和前男友复合？

废话，那当然是因为还喜欢。

但是，喜欢并不意味着，你可以毫无底线。

之前写一篇别的故事，写到几句话。

世界上最可怕的事情是什么？

是喜欢上一个大傻逼。

世界上最最可怕的事情是什么?

是明明知道喜欢的是个大傻逼,还他妈放不下。

喜欢上一个错的人,已经够悲催了,你还要把这个悲催的经历延长,怎么都走不出来。

你有多少时间可以挥霍?

就好像你走在路上,突然摔一跤,把胳膊摔得鲜血淋漓,当时就流了眼泪。

但流了眼泪之后呢?当然是去医院包扎,养伤,以后再从这条路经过的时候,小心一些。

你不能每次打这儿过,都哭一回吧?

所有伤痛都是一样的,不需要忍着,好好哭一次,哭完路还是照走,日子还是照过。

总是沉浸在过去的悲伤里出不来,你是在浪费自己的青春。

还有人给我讲过一个故事。她有一次被人甩了,当时特别伤心,本来都做好了长期奋战的准备,把前男友再追回来。

但是备战的前一天晚上,她收拾前男友送她的东西,突然发现,她一直收藏在一个盒子里、他送她的那个她最珍视的玻璃杯子,不知道什么时候碎了,还割破了她的手。

她看着那个杯子,一边往手上贴创可贴,一边想,对啊,杯子碎了就没了,人走了,就回不来了,我还倒贴什么呢?你不知道珍惜我,我凭什么这么给你脸啊?

这么一想，也不琢磨复合的事儿了，把前男友送的东西统统扔到楼下垃圾桶，把屋子打扫一新，第二天高高兴兴去上班。

几个本来打算来安慰她的朋友，看到她朝气蓬勃的样子也傻了，互相问，这究竟是谁甩了谁？

甚至她前男友，也做好了看她一哭二闹求复合的准备，结果一直没有收到敌情。

他还偷偷找人问：她真的不难过？她真的看上去一点儿都不难过？

这副嘴脸，真是见一次想打一次。

之所以说这个，是想说，换个看法，你也许会活得更好。

收拾一下屋子，倒一倒垃圾，扔一扔回忆，好好睡一觉，睡醒了画个精致的妆，继续生活。

不要奢望你求他他就会理你，不要奢望你哭他就会心软。他可能只会搂着现任对你指指点点，说你看，这女的傻透了。

他不再喜欢你，就是这件事唯一的解释。

从他甩你的那一刻开始，你们就已经是路人了。

也不要想他为什么不喜欢你，女孩要有底气：老娘多的是人喜欢，不缺你一个。

有人问如果是我把他甩了呢？

那就更没必要回去找他了。

如果他足够好，你为什么要甩了他？

如果他真的那么好，你还是甩了他，你应该做的，是抽自己两个嘴巴子。拥有的时候不知道珍惜，失去了才后悔，你这是病，得治。

如果是他甩的你，你要做的就是一件事：尽快把他忘掉。

是，我知道，你觉得他很好，他曾经对你一片忠心，体贴入微，所以呢？

他还是把你踹开了啊。

真的对你好的人，怎么会随随便便就离开你？

有句话，说出来可能很鸡汤，但是要说。

这句话是，你要相信，只要这个世界上曾有一个人无条件地爱过你，那就有百分之一百的可能，会出现第二个。

前一个离开你，不是坏事，相反，他给了你一次成长的机会。

哭过一场，前尘扫尽，昂首挺胸去找第二个吧。

他等了你很久了，你再不去，他也许就真的走了。

“我的男朋友，变成了另一个人”

朋友来找我聊天，说到“分手借口”这件事。她慨叹，你们男人，真的都很善变。

这话我就不乐意听了，骂谁呢这是……

她说她有个同事，性格直爽，喜欢笑，喜欢说话，特别外向的一个人，之前有个男的追这个同事，同事对他也有好感，但心里还是有些犹豫，就问他，“你不会觉得我太闹腾了么？”

男的斩钉截铁地说，“不会啊，我就喜欢你疯疯癫癫的性格。”

后来两个人恋爱，过了一年多，不知道从什么时候开始，男的开始各种冷落她，约会也不怎么说话，问他什么就随便敷衍两句，天天抱着手机打字，也不知道是在干什么，更不会把手机给她看。

他们俩出去逛街，同事看到一个小乐队在广场上露天演出，拉着男朋友的手说：“你快看啊快看啊，他们好厉害！”

男朋友忙着看手机，甩了两下没挣脱开，一声大喊，“你能不能不这么闹！”

路人都吓住了，转过头看他们。女生傻在原地，不知道自己做错了什么。

那次之后，男的就开始彻底不回她的微信，不接电话，问急了，就说要和她分手，说他觉得他们两个“不合适”。

女生不死心，问到底是什么地方不合适。

男的说，“你太闹了，我受不了。我喜欢安静一些的。”

……啥？

当初是哪个孙子说，“就喜欢你疯疯癫癫的”？

这件事给我朋友的同事造成了很大的打击。很长一段时间，她都觉得是她性格有问题，整个人消沉下来，不怎么说话，也不怎么笑，经常做完一天的工作，坐在座位上发呆。

有路见不平的女生去打听了一下，才知道，原来那个男的早就看上了他公司新来的一个小姑娘，假装单身，把那个小姑娘追到了手。他之前冷落女朋友，都是在和小姑娘聊天。

所以什么“不合适”，什么“性格不好”，什么“你太闹了”，都是扯淡，所有原因，都是他自己移情别恋。

跟朋友又讨论了一下，发现这类的故事，有很多。

“就喜欢你肉嘟嘟的样子”的，最后都变成了“你怎么这么不注重身材管理”。

“就喜欢你当甩手掌柜，你什么事都不用做”的，最后都变成了“你怎么这么懒”。

“就喜欢你大大咧咧”的，最后都变成了“你一点儿都不像个女人”。

“就喜欢你性格独特”的，最后都变成了“你脾气怎么这么差”。

同一个特质，追你的时候是你的优点，抛弃你的时候，就变成了你的缺点。

难怪有朋友跟我说，不明白男朋友追她那阵子各种迁就、各种无条件觉得她好，却到闹分手的时候，能在微信里逐条写她的缺点，写了一满屏。

这些男朋友可能都是川剧专业的，换脸就是一瞬间的事儿，感觉“就像变成了另一个人”。

其实她还是那个她，什么都没变。

唯一变化的，就是他看她的态度。

花心思追求的时候，荷尔蒙一驱动，看什么都是好的，不管三七二十一，先拐到手再说；到手了发现好像也没那么好，但也能忍；再到厌倦了嫌弃了，就开始处处针对你。

喜欢你，你是一朵完美的出水莲，不喜欢你，你就是水底下的污泥。

这其实也属正常，毕竟人的性格不稳定，会受到各种因素的影响。这些变脸专业户，追你的那个时期可能也就没见过几个女的，正好你又容易接近，那你就成了完美的那个。

后来慢慢接触社会多了，一会儿看到一个胸大的，一会儿看到一个腿长的，恍然大悟，原来可选的有这么多。

再看你，那自然就怎么看怎么不舒服。

对于这类人，不用跟他纠结到底你错在哪儿，也不用求他回头，拉黑是最有效的做法。

千万不要觉得，这说明是你不好。

因为人要是铁了心要给另一个人挑毛病，那太容易了。

就像人际交往一样，有个人你打一开始就觉得不顺眼，看见他就烦，那就算他优点再多，你也不想承认。你甚至会把他的优点，看作他的缺点。

恋爱同理。这一点在男生身上尤其明显，喜欢你的时候，你作天作地他都觉得你是个宝贝，一旦他产生了离开你的念头，你洁白无瑕，他也能给你挑出一堆毛病。

而且有的人就是有这种本事，明明是他变心在先，对不起你，偏偏能说得好像一切都是你的错。

你照顾他照顾得好，他说你爱他爱得太多，他还不起。

你关心他的日常起居、吃得饱不饱穿得暖不暖，他说你给他的压力太大，他没有自由。

你热心工作，他说你这个人无趣；你到点下班享受生活，他说你不求上进。

总之就是往死里打击你，攻击你的弱点，贬低你的优势，打击得你怀疑人生，最后自己得出结论，“嗯，看来果然是我不好”。

其实你再好也没用。

他的目的是离开你，扔出这么多理由，一是为了减轻他自身的罪恶感——细想一下原来她有这么多毛病，那我离开她也是应该的。

二是为了转移你的注意力——把问题引到你身上，你就没有心思去琢磨分手真正的原因，你就意识不到，他的注意力早已经不在你这里了。

这种做法特别恶心。很多女生真的以为是自己的错，分手后成了一个心病，要么很长时间都无法正常面对生活，要么走进一种极端状态，试图强行改变自己的性格和行为方式，又因为很难改变而急躁、愤怒，陷入死循环。

为了一个别有用心的男人变成这样，真的不值得。

你所谓的“缺点”，只是因为他不喜欢你了，和你本人，没有多大关系。

如果你当真了，才是上了他的当。

“跟自私的人谈恋爱，太可怕了”

“我要跟朋友打游戏，不陪你了”

一个女生和我说的故事。之前一个大片上映的时候，她想去看，就买了两张票，跟男朋友说好，周五下了班和她一起去。

男朋友当时答应了。

周五那天，她看看快到下班时间，提前到洗手间换了隐形眼镜，化了个淡妆，准备美美地去约会。

刚从洗手间出来，收到男朋友的信息：那谁谁跟谁谁组了个游戏局，我跟他们打游戏去了，你自己去看电影吧。

“那谁谁”跟“谁谁”，都是他同公司的朋友。

女生函数懵逼：不是说好了我们去看电影吗?

男朋友回复：不去了，你自己去吧。

女生说：那你的票怎么办?

男朋友说：退了呗。不说了，我去打游戏了。

于是女生自己一个人去看了电影。

这也不是头一回，之前不管她跟男朋友约好做什么事儿，只要男朋友的朋友一个电话，他就能取消约会，去跟朋友打游戏。

女生只好临时找闺密或者别的女性朋友作陪。女性朋友们还打趣她："都有男朋友的人了，怎么还老赖着我们不放。"

她觉得这样有问题，看完电影那天，就跟男朋友谈这件事，希望男朋友能适当地考虑一下她，偶尔也不管朋友，陪一陪她。

男朋友瞪大了眼睛："怎么可能？我怎么可能为了你放弃跟朋友娱乐呢？"

"我不准你和任何别的男生聊天"

前阵子有女生问我，男朋友控制欲很强怎么办。

这个"控制欲"很强表现在，他不准她跟任何男生单独来往，微信里不能跟别的男生有三句以上的聊天记录，当然，也不允许她有男性朋友。

只要她跟别的男生多说两句话，他就发火，摔东西、怒吼，勒令她认错。

有一次她跟班里几个人一起出去参加一个志愿活动，中途有个男生身上缺现金，她借了他一百，后来男生微信她，给她转账还钱。

结果她男朋友看到了，一口咬定她和这个男生有不正当关系，否则"为什么在场那么多女的，他偏偏找你借钱"。

他在宿舍楼下大喊着让她解释清楚，还摔了她的手机。

女生说，她觉得很累，总是要为了一些鸡毛蒜皮的事情解释，而且她现在上大学，圈子还小一些，以后工作了，总不能永远不跟男的打交道吧?

男朋友也给了她解决方案：毕业就跟他结婚，不工作，他赚钱养她。

且不说他也不是什么富二代，大二的学生谈个屁的“养着她”。

我只想到一个词：圈养。

“流产你自己去吧，我怕医生骂我”

之前一个同学跟我说的故事。

他表妹在一所二本院校上学，有一个男朋友，两个人出去开房的时候没做好安全措施，怀孕了。

她不敢跟家里说，找我同学出主意。同学给她打了一笔钱，让她赶紧去做流产。

“必须让你男朋友陪着你，他自己的孩子，他要负责。”同学特意嘱咐。

结果那个男生坚决不去，理由是：“到了医院医生肯定要问怎么回事儿，我怕医生骂我。”

后来我同学表妹是舍友陪着去的，流产当天以及随后的三天，她男朋友玩儿消失，不接电话不回短信。

她差不多恢复了之后，男朋友才款款出现，第一句话就是：“都解决了吧？可吓死我了。”

第二句话：“你没跟你爸妈说吧？他们会骂死我的。”

“你赚钱就应该给我花呀”

我有一个在影视行业的哥们儿，有一年谈了一个女朋友。

他是万年单身，一朝脱离单身狗行列，心情十分激动，把女朋友宠得无微不至。

他女朋友也不跟他客气，吃饭永远是他埋单，逛街永远是他刷卡，为了女朋友淘宝方便，他开通了亲密付，偶尔女朋友逛街他不能作陪，又给女朋友开了个信用卡的副卡。

女朋友买衣服、包、鞋子，都让他付钱，至于他女朋友自己的钱都用在了什么地方，他也没问过。

这样恋爱一年，刷爆了两张信用卡，一下子入不敷出了。

他为了赚钱，凡是需要加班的事情都抢着上，连续两个月高强度工作，生了一场大病。

这时候他女朋友还没忘了出门跟朋友喝下午茶，他自己一个人煮粥给自己喝。

病愈之后，他觉得这样下去早晚要累死，就委婉地跟女朋友说，能不能减少一些支出。

谁想到他女朋友急了：“我跟朋友都说了我男朋友特别能赚，这样你让我以后怎么见她们？”

她伸出刚做了指甲的手指着他，大声谴责："男朋友就是给女朋友花钱的呀，不然要男朋友干什么？"

"你不跟我睡，就是不喜欢我"

徐大仙是我去年认识的朋友，认识刚一个月，问了我一个震撼的问题："你们男生遇到喜欢的女生，都会想睡她吗？"

我一口气差点儿没上来，强自镇定地点点头："嗯……大概是吧。"

"你问这个干什么？"我反问她。

徐大仙支支吾吾半天，我才听懂。她之前在网上认识一个男生，彼此都有好感，见过几次面，她也觉得这个人还不错，就跟对方交往试试。

交往起来也还可以，男生是个有趣的人，兴趣广泛，擅长很多领域，徐大仙时常会觉得，啊！这个人好厉害。

就是有一个问题，确定恋爱关系之后，男生经常明示暗示，让她到他家里去，两个人"更进一步"。

徐大仙觉得进展太快了，没有做好准备，每次聊天说到这儿，她就把话题岔开。

男生不死心，天天给她普及一些什么"互相喜欢的其中一个因素就是性吸引"、"睡了才能增进两个人的感情"、"都成年人了没什么好羞涩的"之类道理。

他越说这些，徐大仙心里越慌，一方面觉得自己的身体，睡不睡还是应该看自己的感觉；另一方面每次拒绝他，他都会突然冷漠下来，两三天对她爱答不理，她也不想惹他不高兴。

有一次男生又提起来，她说：“这对我来说是很重要的一步，我想选个有意义的日子，可以吗？”

男生顿时发火了：“你要是不想跟我谈恋爱就直说，用得着这样一再推脱吗？！”

徐大仙还没反应过来，他又说：“你是不是根本就不喜欢我？我好几个朋友都是恋爱不到一星期就那个了，你这样我很没有面子！你就是不打算和我好好过！”

再后来，徐大仙就被分手了。她对这件事一直耿耿于怀，所以才会问到我那个问题。

“我是不是应该给他睡的？”徐大仙还问我。

我想了想，说：“他想睡你，你不想答应他，但你又怕受到伤害于是屈从——你不觉得这听上去，很像强奸吗？”

“女人做家务不是天经地义的吗”

之前有个认识的女生订婚，和她恋爱了三年的男朋友。

他们俩订婚前都是各住各的，后来一合计，都订婚了，干脆就住一起吧，还能省一笔房租。

于是两个人正式同居。住了半年，女生退婚。

她跟我们说：“幸好婚前同居了一下，不然这辈子就惨了。”

住到一块儿之后，她才发现，男生从来不做家务，而且极其不注意家里的卫生，鞋子进门随手扔，衣服脱下来往沙发上一丢，她不提起来，他根本想不到换洗床单、打扫屋子这些事情。

饭都是她做的，地都是她拖的，衣服都是她洗的。他每天的习惯，就是快下班的时候在微信里喊她："今天做什么好吃的啊？"

问题是，她也要上班，而且工作并不比他轻松。

一开始她还觉得挺幸福，毕竟是给喜欢的人做饭、收拾家，后来怎么想怎么不对。

她试着跟未婚夫谈，是不是他也分担一些家务。

未婚夫两眼一瞪："我上班那么累，哪有力气做家务了？"

女生刚想说我特么上班也累啊，他又补充一句："再说了，女人做家务不是天经地义的吗？"

这些故事说出来，我自己都觉得后背发冷。

真的，和自私的人谈恋爱，太可怕了。

有人问我，感情里，怎么判断对方是不是自私的?

其实很明显，第一是永远只为自己考虑，第二从不尊重你的个人意愿。

他可以不陪你，但他有需要的时候，你必须要满足他。

他可以为了自身的利益随时牺牲你，但你如果想为你的利益争取一下，那就是你不懂事，不够喜欢他。

跟自私的人谈恋爱，就像是面对一个无底的黑洞，你只能不断地付出，直到自己筋疲力尽，却丝毫感受不到对方对你的感情。

换句话说，他本来也不是多喜欢你，他喜欢的只是他自己，他要满足的，只是那种想要恋爱的感觉。

只要他自己过得高兴，根本不管你心里难不难过。

有朋友和我形容跟这种人恋爱的感觉：

“就像是爬山，你觉得差不多快到山顶了，都打算庆祝了，一抬头，山顶自己又往上长了一千米。”

“更可怕的是，你不知道，它会不会继续长下去。”

“分手后他才知道后悔，晚了”

以前有个段子，大概是这样的：

一个男的和女朋友分手了。分手后怎么想怎么不对，逢人就说，有一次她特别想吃一种糖，我没给她买，现在想想，很后悔，能对她好的时候，却没有这么做。

是不是有点儿感动。

我第一次看，我也有点儿感动。后来一琢磨，好像不是那么回事儿啊。

话说得确实很深情，回顾前尘追忆往昔，我失去了你，我痛心疾首，你看，我还记得我欠你一包糖。

但问题来了，你和她恋爱那么久，你早干什么去了？

1

之前写过一个故事，男的去参加前女友的婚礼，忽然意识到，这个婚礼本来应该是他给她的，于是非常伤心。

虽然我无耻地跟着看完了全程，虽然看到这男的在婚礼现场的洗手间哭的时候，我也觉得有些感触。

但我不觉得，这是什么值得歌颂的事情。

他和他女朋友在一起很多年，有很多机会，可以把一段美好的恋爱，变成一段伟大的爱情。

他女朋友也半开玩笑地问他：我们什么时候去领证呀？

他回道：我们的关系已经到这一步了，还差一张证吗？

后来他哭得双眼通红，问我，我为什么没留住她？她想要的那么简单，为什么我当时不肯给？

再给我一次机会，我一定会把她留在身边，你信吗？他问我。

我信，但是有用吗？

同样的故事我见过很多，也听过很多。周大拿和异地恋的女朋友分手后，是跑来这么哭的。一个死党和他家里人不喜欢的女孩分开后，是跑来这么哭的。甚至一个素昧平生的陌生人，在我微博私信里头，也是这么哭的。

周大拿说：“我为什么就不能给她多打几次电话？”

死党说：“明明我一句话就能改变我家人的想法，我为什么没说？”

陌生人说：“如果我重新开始对她好，还能和她从头开始吗？”

有时候我都怀疑，他们其实是不是同一个人。

因为实在太雷同了，在一起时大大咧咧，不珍惜，分手了，捶胸顿足，悔不当初。

我都不知道该怎么安慰，因为我特别想骂他们。

我不是不理解这种悲伤的情绪，我也知道，感情的事儿错综复杂，不是一两件事可以改变。

可我更想说，本来不需要这样的。

你有无数个日夜可以对她好，有那么多事你可以为她做。有那么多承诺，你可以兑现。有那么多机会，你可以永远和她在一起。

但你却非得等到分手了，才想起来。

2

有个大学时候的同学，大三的时候谈了场恋爱，对他女朋友特别好，总能在适当的时候给出关心，也知道给两个人留出足够的空间，不给对方压力。

他女朋友喜欢摄影。为了给她买个相机，他大冬天跑去做兼职，做家教、发传单、熬夜给人校对字幕，最后在她生日那天，终于赶上。

那会儿我们问得最多的一句就是，你们什么时候办喜酒？

但大四毕业前夕，两个人分手，据说是因为女方要回家考公务员，家里不想让她在北京打拼。

有的人幸灾乐祸，你看那谁对女朋友这么好，还不是分手了？

把这人打一顿后，我们其实也有些惋惜。

但那个同学很平静。能做的我都做了，他说，实在不能继续，我也没办法，只能说，祝她以后都好吧。

以后再恋爱，不要这么掏心掏肺了。有朋友劝他。

他摇摇头，为什么不能？

我们哑口无言。

对啊，为什么不能？喜欢一个人，所以对她好，不是理所当然的吗？

这种结局，是不是比那些分手了才开始后悔的，层次高多了？

不是绝情，不是冷漠，是因为我做了一切努力，再回忆我们两个一起的日子的时候，我没有遗憾。

参加过一个婚礼，现场进行到某一步，例行是放那些排版非常简陋、造型非常土酷的PPT，一般我都不爱看。

但那天，新郎自己亲手写的一句话，让我印象很深。

我把和你在一起的每一天，都当作是最后一天，不吵架、不生气、不留遗憾。哪怕必须要分开，我尽力了，所以不后悔。

他是这么写的，也是这么做的。也是因为这个，他们两个恋爱十年，其中异国两年，异地三年，踏过无数人的冷嘲热讽，顶住两家家长和亲戚所有的压力，才能够终成眷属。

以后他们会怎样？那都不重要。

至少他们牵着手的时间里，没有任何需要悔恨的事情。

3

很多男的会问，为什么她要和我分手？为什么分手的理由，就是因为一件小事？

如果你这么想，那说明，你根本就没明白。

没有一段爱情，是因为一件小事就分崩离析的。所有让两个人老死不相往来的仇恨，都是起于小事，但终于底线。

你以为她是因为你约会迟到才生气，其实是因为你经常迟到。

你以为她是因为你忘了她的生日才发火，其实是因为你就没记住过。

你以为她是因为网上的一篇鸡汤、闺密的几句话、一个你眼里微不足道的节日没有送的礼物，才“无理取闹”，其实是因为，她需要的，你从来就没给过。

就像文章开头的那个段子，归根究底，问题远不在于那包糖，也没有哪个女孩，是因为一包糖就跟男朋友分手的。

真实的原因，其实是不断累积的失望。是因为，你明明可以轻轻松松就做到的事情，你却没有做。

今天欠一包糖，明天欠一顿饭，后天欠一次旅行。

到后来，欠一张结婚证，欠一个未来，欠一句，从来没有履行的承诺。

然后等到事情已经无法挽回了，开始后悔，开始道歉，开始“人生若只如初见”。

这叫什么？这叫脑残。

曾经有一个很热门的话题：如果给你一次重新开始一件事的机会，你会怎么做？

很多人说，那我要穿越到和她在一起的时候，认真地对她。

想法很感人，但可惜，并没有这种机会了。

你知道人生要不留遗憾，你知道做事要不遗余力，你知道生活要认真对待，甚至打球、打游戏，你都知道不能坑队友。

为什么对她，你不能更在乎一些？

所以，还能对她好的时候，珍惜每一分每一秒，不要等到剧情落幕了，却发现自己其实还有很多戏份可以演。

这样，就算以后因为某些原因真的要分开，至少也有温暖的回忆。

而不是“因为这点儿小事儿就分手，这女人啊，真是不能惯”。

谁这么想，谁才是真蠢。

“活得太现实？
那是因为我们吃过亏”

1

前两天出去吃饭，吃完几个朋友坐在一起喝酒聊天，聊起某些人为什么找不着对象这个悲伤的话题。

在座有资深剩女苏苏，喝多了，一直在说，说她现在已经对这件事绝望了，她也不想再和什么人认真谈恋爱，就先工作，赚钱，把自己伺候得舒舒服服的，然后找个条件差不多的人结婚，她就知足了。

其他的女生纷纷赞同，表示指望男生靠谱，还不如指望房价下跌。有谈恋爱的时间还不如好好赚钱，钱才是最亲最可爱的东西。

桌子对面还有一个小女孩，刚毕业，听得胆战心惊，哆哆嗦嗦地问：那个，你们是不是活得太现实了？

苏苏圆睁双眼瞪着她，从牙缝里说：现实？我告诉你什么是现实。

她曾经有过一段感情。

这段感情从大学的时候开始，她和她男朋友都不是北京人，两人说好，毕业之后一起在北京打拼，直到他们过上想要的生活。

她男朋友还发誓，说有朝一日，一定让她车房具备，想不上班，随时都能不上班。

苏苏很感动，但也知道，她不能给他太大的压力。她不在乎车房具备，她更喜欢两个人一起奋斗的感觉。只要他在乎她，她无所谓生活是什么样。

所以毕业后，苏苏进了一家外企，拼了命地工作，想分担男朋友的压力。

但她男朋友，从来没有在任何一个工作单位待上超过半年的时间，不是嫌同事没水平，就是嫌领导太傻缺，频繁跳槽，到最后干脆不上班了，在家待着，睡醒了就上网，美其名曰“休息一下”。

苏苏也不介意，一个人担起了养家的责任，为了多赚到钱，她还去学绘图、学设计，希望能接到一些兼职。

直到有一天，她按时下班回家，发现男朋友不在家。

她给他打电话，不接，发信息，不回。接近十一点，他回来了，说和别人谈合伙去了，太累，进屋直接睡觉。

苏苏长了个心眼儿，第二天请了个假，说想在家陪陪他。

她男朋友开始躲她，一会儿说要洗澡，一会儿说要上厕所，手机不离身。

苏苏在他第三次佯装大号的时候，进去堵了他。

这时候她才知道，前一天，他不是去谈合伙了，他是去谈合体了。

苏苏后来说，那一刻，她第一次体验了什么叫“心如死灰”。

她没有大吵大闹，冷静地和男朋友分手，当天就搬了出去。

她男朋友还挑她的毛病，说她天天扑在工作上，“一点儿不像个女的”。

苏苏回了四个字：去你的吧。

苏苏说完，全桌死寂。

那个小女孩也不敢说话了。

我们知道苏苏有过悲伤的感情经历，但谁也不知道，是这么个狗血的故事。

苏苏问那个女孩：你知道我为什么这么现实了吗？

她曾经以为两个人一起，无论活得多么苦，至少都有一个未来。

最后才发现，只有她自己在乎这个未来。

2

有一个朋友，在国外读书的时候，认识过一个女孩。

这个女孩谈过两次恋爱，第一次是从高三开始的，高中毕业后，两个人考上不同的大学，开始异地。

不过他们感情并没有被距离影响，横跨整个大学四年，本来她以为，这个人就是她的一辈子了，还憧憬着，毕业后，她就飞去他的城市，和他长相厮守。

结果大四的时候，她偶然得知，男生大二那年就在学校里谈了个女朋友，长达近三年的时间，一直脚踏两条船。

那个“女朋友”，也不知道她的存在。

她哭了一场，也想过挽回，但没能成功。

后来她干脆着手准备出国，也成功地申请到了国外的大学。

在等待出国的日子里，身边有个男生追她，全心全意，对她很好，她有些心动，但也犹豫，因为男生毕业后要留在北京。她害怕异地。

男生明白她的顾虑，给她保证，不会再给她留一个痛苦的回忆，不管她出去多久，只要她不变，他会一直在国内等她。

女孩被说动了，答应了他的追求。他们在一起的第二个月，她出国留学。

最开始一切正常，男生几乎时刻在线，无条件地陪着她，听她说在国外的乐趣和痛苦。

女孩于心不忍，每天算着时差，看看国内差不多午夜了，就催男生去睡觉。

男生说，不和你聊两句，我怎么睡得着。

女孩觉得她终于找对了人。平时她打工攒钱，一有假期，就买机票飞回去看他。

这样过了三年，又到假期，女孩想回去给男孩过生日，特别高兴地在微信里跟他说，她都做了哪些计划。

结果男生说，要不，还是别回来了。

女孩愣住。

她问了男生整整一晚上，男生终于承认，其实她出国第二年，他就和同在北京的高中同学在一起了。那个女生，还是他初恋。

他一直瞒着她，理由是“怕影响你学习”。

朋友和我说这个故事的时候，我有很长时间说不出话。

这是真魔幻啊。

八年青春，兜兜转转回到原地，就多出来两个前男友。

后来这个女孩就有点儿魔怔了，一度扬言要睡遍天下小鲜肉，然后找个有钱的把自己嫁了。

听了这个故事，我下意识地想说，找个有钱的哪有那么容易。

但忍住没说。

因为我可以理解这个女孩。

两次异地，每次都怀着最好的期望，每次都一败涂地、惨败而归。

世界上什么事情最痛苦？

就是你以为他可以带你走出阴影，却发现，他给你造了一个更大的。

世界上什么事情更痛苦？

就是他跟你发过誓，他要做你的光芒，却没有兑现。

3

不要说现在的女孩都太现实，不要说她们眼里只有钱。

她们付出真心的时候，有人珍惜了吗?

有个女孩之前给我留言，她男朋友自己开店创业，她担心他不按时吃饭，每天做好饭给他送到店里，怕他吃腻，还每次都换花样。

结果她男朋友转手把饭给了店里的另一个女孩，还说，这是我专门给你做的。

为什么？因为那个女孩更好看。

还有一个朋友，结婚后工作再忙，也坚持操持家务，什么都不用老公操心，结果老公劈腿同事，和她离婚。

虽然我一直说，要相信爱情，要相信自己，你们想要的，有一天一定会来。

但有时候，对某些事情，我也会觉得无奈。

异地恋两年的情侣，敌不过男生所在社团里那个新来的、萌萌的学妹。

已经订婚的感情，敌不过男生回国的前女友。

忙于家务、忙于打理婆媳关系，人变老了，手粗糙了，身材没有以前好了，一转头，老公找了个更年轻的。

她们都以为，有他就有了一切，吃苦受累没关系，日子很穷也没关系。

最后却发现，还是工作和赚钱最靠谱。

当然，她们还是会爱上一个也爱她们的人，还是会把自己的整颗心，交给最信任的那个伴侣。

但她们最美好的时光里，有过很多似乎会成为一辈子的故事，却血淋淋地，摔成一地碎片。

你问她们为什么活得那么现实？

因为她们曾经吃过付出真心的亏啊。

“为什么看了他手机就要和我分手？”

1

三四年前的时候，有个视频特别火。

那是个日本的节目，节目里做了个测试，选几个女生，在她们家里放上隐藏的摄像头，让她们在男朋友或者老公睡觉的时候，在他们耳边认真地说一句：“我刚才看了一眼你的手机。”

成果特别喜人，测试了六对，其中五对的男方都是突然惊醒，一跃而起，以迅雷不及掩耳盗铃儿响叮当之势，火速扑向自己的手机。

还有两个大声问：“你都看到什么了？！”

只有一个男生，很淡定地说，哦，翻了个身试图继续进入睡眠。

女朋友追问：“你不怕我看到什么吗？”

男生说：“没关系啊。”

这个视频引发了一个讨论，叫“应不应该看男朋友的手机”。

前段时间有个认识的女生也这么问我，她谈过三个男朋友，之前两个，手机都密码都是她的生日，随便她看，她一眼都没看过。

现在这个男朋友，手机密码她不知道，他手机里有什么、平时用来做什么，她也不知道，于是她百爪挠心，但又觉得想看别人的手机，不是什么好念头。

“我应该看吗？”她问我。

但这里的问题，不是“该不该看”，而是“他为什么不给你看”。

她需要做的不是坐在那儿纠结，而是开诚布公地跟他聊一次，说明白她的想法，然后看他怎么回应。

她也确实去了，男朋友认认真真看了看她，然后哈哈大笑。

他当着她的面给手机解锁，重新设置密码，设成了她的生日。

弄完之后，他笑着给她说，“我之前谈恋爱一直搞不懂女生的想法，现在终于明白了，幸亏你跟我说了”。

其实他不是有意要对她保密，而是他脑子里没有那根弦，如果她不说，他永远不会知道她的大脑是怎样运转的。

女生瞬间释怀。在此之前，她把各种可能性都想过了，甚至想到“他手机里有个炸弹，别人一拿起来，就会爆炸”。

啧啧，有这脑洞，去写小说多好。

如果从偏激的角度来看这个例子，有些女生会得出这个结论：他为什么不给你看手机？因为他有事儿瞒着你！快去破解密码！查他的通话记录！

而有些男生，则会得出这个结论：这女的太作了！为什么要看男朋友手机？就不能给她看！绝对不能惯着她！

所以你看，为什么男女生之间经常无法互相理解，因为很多人总是倾向于用最能让自己解气的方式来思考问题。

最后气解了，但问题并没有解决。

一部分女生说“不主动给你看手机的男生就是不爱你”，一部分男生说“非要看你手机的女生就是不相信你”。

这么个破事儿就上纲上线，难怪大家都不敢谈恋爱啊。

2

看男朋友手机这件事，关键不在于“应不应该”，而在于“想不想”。

有的女生就完全不在乎，老娘不看，是对你有信心，但你要整幺蛾子，老娘有一万种方法收拾你。

有的女生想看男朋友的手机，也不是为了查勤，而是要用这种方式，找到“你没有背着我搞事情”的安全感。

这类想法很好理解，我好不容易得到一件宝贵的东西，我也怕丢。

而女生想不想看是一回事，男生给不给看，是另一回事。

很多感情都走着这样一条套路：

一开始大家彼此坦诚，玩儿手机也不用躲着对方，想看随便看，相亲相爱其乐融融——这叫信任阶段。

后来有一方开始莫名其妙地躲闪，上厕所时间无限延长，深更半夜躲被窝里不知道干什么，你不小心瞥一眼对方的手机，他如临大敌，不由自主向旁边闪身——这叫疑点阶段。

然后你怀疑了，越不让你看，你越想看，怎么琢磨怎么不对，当着他的面据理力争，他和你吵，怪你不相信他，冷战、怒吼、言语冲突——这叫矛盾阶段。

到最后你不再当着他的面争吵，你偷偷打开他的手机看，你发现了让你无法相信的证据。

这个时候，这段感情基本上也就到头了。

这样一罗列，有没有发现问题出在哪儿？

有些女生这会儿就开始自我检讨了：是，是我不对，我不该看他手机。

那你等着被人卖了吧。

还有的女生会说：就是刚才那个第二阶段！我只是不小心扫了一眼，你躲什么！肯定有猫腻！

一般分析感情的，分析到这儿，就开始劝分了。

但也不对。

真正有问题的是第三阶段。

有时候，不是手机里所有的信息都能给另一半看的，比如我想偷偷给七七买个东西，来个惊喜，如果让她看见了，不就破功了？

但我可以跟她解释，我不是跟别人聊天，我要给你个惊喜，至于是什么惊喜，现在不能让你知道。

过段时间惊喜就位，她自然就明白了。

任何事情都不怕解释，越描越黑的都是心里有鬼。

而连解释都不解释，直接亮嗓门的，得嘞，说没问题，你信吗？

怎样处理第二阶段很重要。听过一个故事，女生跟自己朋友说，最近男朋友老是背着她玩儿手机，她有些担心。

朋友一蹦三尺高：绝对是偷情！接着就让她去质问男朋友。

但其实男朋友什么坏事儿都没干，是想和哥们儿偷偷策划一个活动，庆祝和女朋友相识两周年，一切都定好了，女生这么一问，反而刺激了他的逆反心理。

你不相信我，那算了，分手吧。

本来好好的一对，从此反目成仇。

那什么是正确的处理方法？**心平气和地去问，表示你不是疑心病犯了，而是好奇心发作，没有质疑他的意思。**

如果不好意思这么问，还有很多方法去旁敲侧击，女生擅长关注细节，在这方面的资质得天独厚，你想知道的，在不惊动他的情况下，都可以知道。

也许你就发现了，他在谋划给你的惊喜。

也许你发现了，他偷吃的证据。

找到真相，再对症下药。感情不易，不要误伤。

3

最后提个醒，不是只有聊天软件，才能发现那些“蛛丝马迹”。

之前认识一个女生，跟男朋友的手机设置了定位共享，就是两个人互相都可以看到对方手机的位置。

起初只是为了安全起见，以防万一。

直到有一天她偶然发现，男朋友不知道什么时候，偷偷把这个共享关掉了。

还有一个女生，是发现她男朋友的手机密码，不再是他们的纪念日。

过去参与做一个资讯类产品的时候，还听说过一个故事，有一个男生背着女朋友和别的女生偷情，怕用聊天软件被发现，就约定好，两个人下载一款资讯APP，每天晚上十一点之后登录，选两条新闻，在新闻内容下面留言。

留言内容以“我想你”、“我也想你”、“先睡了”、“晚安”、“明天陪我去做指甲”等为主。

厉害之处在于，他们不会在同一个资讯下出现，而是各自选择一条，在外人看来，就是这两条资讯，每条的留言板里都有个人在自说自话。

但结合起来看，内容劲爆。

据说他们这个法子，是看谍战剧的时候想到的。

至于后来那个女朋友有没有发现，我不知道。

不过男朋友用地下党对付日本鬼子的招数来对待她，我要是她，砍了他的心都有。

前些天还得知一个噩耗，认识的一对情侣分手了。分手原因是，女生在男生的支付宝里发现他开给前女友的亲密付。

男生狡辩，说是以前开的，忘了取消了。

女生呵呵一笑，又扔出一个证据：就在半个月之前，男生刚刚提升了亲密付的额度，从八千提到了一万。

而她之前跟男朋友开玩笑提到，要不要给她开亲密付时，男朋友说的是“这东西有什么意思”。

最后男朋友招了，去年他前女友到北京来工作，两个人自此一直有联系，还睡过了。

他的手机里，除了这个亲密付，没有任何痕迹。

聊天记录是可以删除的，很多信息是可以修改的，他要躲着你，有很多手段。

可惜魔高一尺，道高一尺二，朝夕相处，想真的瞒住什么，很难。

全看你想不想知道。

但我们总归还是希望，两个人的感情里，永远不要出现这样一天。

CHAPTER 04

▲

▶

◀

▼

恋爱补习班

“谈一场不分手的恋爱”

什么是安全感?

1

什么是安全感?

嗯，估计有成千上万的男生想问这个问题。

在回答这个问题之前，我要先为我的朋友周大拿默哀十分钟。

周大拿分手了，异地两年，还是分手了。

分手原因和多数人差不多。他远在南方的女朋友说，“和你在一起，我没有安全感”。

周大拿很崩溃。

确切地说，周大拿疯了。他在我们好几个群里逢人就问：“到底什么是安全感啊？”

不幸的是，他女朋友——前女友——也在这些群里。

女友忍无可忍，给他发了一长串语音。

大意就是：我不爱翻旧账，但如果你真不明白，我就给你解释一下。

“上个月我离职了，心情不好，想和你聊聊天，怕你忙，给你发微信，问你不忙的时候，能不能给我回个电话。

“那天我等你到凌晨，你也没回。

“第二天你说，你和同事聚会去了，喝多了，忘了。

“上半年我租的房子到期，要换地方住，正好是清明假期，你也放假，我求你过来一趟，帮我搬家。我可以给你买机票。搬家其实也只是个借口，我只是想见你。

“你说太折腾了，还浪费钱，直接找个搬家公司不就行了。”

说到最后，周大拿女友都快哭了：“现在你明白，我为什么说没有安全感了吗？”

周大拿没说话。

2

之前有男生问我，怎么维护一段异地恋，我说，**首先你要学会接电话。**

什么意思？就是她找你的时候，不必费很大力气就能找到你，她的电话你会接，她的信息你会回复，让她知道，你还在。

这个理论是有现实依据的。周大拿的故事算一个，我认识的另一个人的故事，也算一个。

这个人和他女朋友都在北京，但离得很远，不能天天见面。两个人就约好，每天通一次电话。

头几个月还很顺利，后来男的烦了，觉得翻来倒去就那么几句话，没意思。

于是有时候，他就故意不接，玩儿消失。

女朋友以为他出什么事儿了，急得连续打好几个。

他接起来，说，我忙着呢，没事儿别老给我打电话。

潜台词：你怎么这么闲啊。

他忙什么？鬼知道。

反正就是很忙。上班很忙。下班和同事吃饭很忙。打游戏很忙。打球很忙。

甚至你也别管我忙什么，我就是没空接电话。

多回你一条信息，我都没时间。

在我们看来，他女朋友已经算是很通情达理的了，上班从不打扰他，他说有事，晚点再和你联系，她就真能等到很晚，有时候攥着手机睡着了，手机一震动，立马跳起来。

后来两个人和平分手，半年后，他女朋友谈了一段新的恋爱。

据说对方脾气温和，为了她，二十四小时开机，她心情不好的时候，给他打电话，一定有人接。

再后来，他们就结婚了。第一年纪念日，女孩给另一半发信息，说，谢谢你，从来不会不接我的电话。

这就是安全感的一种，叫作“想你的时候，我可以找到你”。

3

有一次和几个朋友在一个餐厅吃饭，邻桌坐了一对情侣，女的拿着菜单点菜，不停地问对面的男的，我们点这个好不好？我想吃这个，你觉得呢？你有什么想吃的？你要看一眼菜单吗？

男的不说话，偶尔嗯啊两声，视线就没离开过手机。

后来女的不高兴了，合上菜单，说，你拿着手机干什么呢？

男的说没干什么，看看新闻。

女的看着他，一字一句说，我们白天各自上班，晚上你又要看电视，只有晚饭时间才能好好说会儿话，你可以放下手机，和我认真聊一次天吗？

这事儿让我想起来，我们这群人里的一个段子。

有个男的在家里打游戏，他女朋友试衣服，问他哪个好看他都不看，最后女朋友冷冷地说，那我就这么出门吧。

男的本能地觉得气氛不对，一回头，女朋友光着。

恋爱的奥义，就是一唱一和、有问有答，一方说话的时候，另一方会给出回应，而不是“嗯”“哦”“好”，就没了下文。

充分的沟通，可以增进感情、减少冲突。

要是只有一个人在说，另一个人什么都听不进去，那我不如买个牌位供在家里。

牌位时间长了还可能成精呢。

曾经有个女孩得意地给我炫耀，说她男朋友最大的优点，就是从来不会冷落她。

她和他说话，不管他正在做什么，都会停下手边的事，认真听她说。

也正因如此，两个人从来没闹过什么矛盾。

这是安全感的第二种，叫作“我说话的时候，我知道你也在听”。

4

之前有人问我，他女朋友想知道他的手机密码，应该告诉她吗？

我说你是出轨了吗？

他说没有啊。

我说你是干了什么坏事儿吗？

他说也没有啊。

那你把密码告诉她啊！君子坦荡荡，什么坏事儿都没干，你怕什么？

男孩说我觉得这是个人隐私。

……行吧。

我只好说，告诉她手机密码，对你而言没有损失，对她来说，却收获了宝贵的安全感。

在很多人看来，这只是一件无关轻重的小事儿。

在当事人看来，这就是一根刺，能在心头堵很久。

她是真的要看你手机里的东西吗？未必。

她只是想通过你的反应确认一件事，那就是你对她没有隐瞒。

所以她要知道手机密码，你就告诉她。

她如果真的想看，那你就给她看，你坐在她旁边，问她，你想看什么？微信聊天记录，还是照片？我和你一起看。

我愿意让你知道我的一切，我用实际行动告诉你，我相信你，也希望你可以相信我。

天天藏着掖着，就算你内心清清白白，你让对方怎么想？

我一个朋友说过一句话，我觉得很对。

他说，如果一个要和你朝夕相伴、白头偕老的人，都不能对你知根知底，那在一起还有什么意义？

两个人在一起，最重要的，是坦诚。

这是安全感的第三种，叫作“我希望你在我面前，没有秘密”。

5

经常有男生像周大拿那样追问，到底什么是安全感？

他们觉得安全感是一种特别虚无缥缈的东西，甚至觉得，安全感就是“作”。

只能说，你们确实需要花点儿时间，好好琢磨一下女生的心思了。

有人说安全感不就是钱吗？有了房子有了车子，不就有安全感了？

不好意思，那只是你以为的。

大多数女生，虽然经常把买买买挂在嘴边，但她们真正需要的很简单，就是有一个可以一起说话、一起吃饭、一起……嗯，睡觉的人。

买买买她们自己会啊。

赚钱她们自己也会啊。

社会进步了，女生赚得已经不比男的少了，我认识的女生，有三个都靠自己在北京买了房了。

谁稀罕你那几个钱啊？

给一栋房子就指望她乖乖听话不吵不闹，那不叫谈恋爱，那叫包养。

她们只是想有个精神依靠，有个可以帮她们出出主意的伴侣，有个她们最无助的时候，能陪在身边的人。

安全感很虚无吗？不，安全感很现实，总结起来就一句话：

“无论发生了什么事，我知道，你一直都在。”

有些谎，不能不撒

很久之前，认识的一对情侣闹分手，原因是男生在女生过生日的时候送了一件很贵的礼物，怕女生知道东西太贵了，就瞎编了一个偏低的价格。

结果女生后来发现了，大怒，说什么都要分手。

理由是，刚认识不久就敢撒谎，谁知道你以后能干出什么来？

这个分手理由让我们目瞪口呆。这都是哪儿跟哪儿啊？

就像以前一个女生跟我说：要是我男朋友敢对我撒谎，我就打死他！

我想了想，我见过那么多对情侣，听说过各种各样的故事，但在恋爱中没撒过谎的人，我还没见过。

但撒谎也分两种，一种是善意的，一种是恶意的。

一边跟你谈着恋爱，一边跟好几个小姑娘聊骚，藏着掖着不让你知道，这就是恶意的。

跟你说要出差，其实是去见前女友，也是恶意的。

给你承诺，说实际喜欢的是你，给他点儿时间，一定跟女朋友分手，更是恶意的，一次骗两个人。

一个女性朋友发朋友圈，说，恋爱三年，终于到头了。

她男朋友和别的女生出去吃饭，骗她说，今天加班，结果好死不死，被她撞个正着。

他还解释，就是工作需要，不是你想的那样。

朋友冷笑，所以你隔着桌子拉她的手，也是工作需要？

撒这种谎的人，不到万不得已，绝对不会承认，就算承认了，还要辩解：之所以没有告诉你，是怕伤害你。

这就好像有人拿刀子捅了你一刀，还要说，其实我是在乎你的，你看我都没舍得割你脸。

这种当然不能原谅。

但恋爱里，有些谎，不能不撒。

一个朋友当年和女朋友恋爱，彼此都见过家长，女方家长对他很满意，但他妈妈觉得这个女孩以前文过身，不是什么好孩子，就有些犹豫。

女孩有些觉察，回去之后问男生，你妈都没怎么和我说话，是不是不喜欢我啊？

男生说，瞎琢磨什么呢，没有，我妈就是那样，面冷心热，你看她不怎么说话，其实偷偷跟我说，她觉得你这样的女孩子，能看上我是我运气好，让我一定好好对你。

过了两天，他又神神秘秘地拿出一个盒子，说，这是我妈给你买的耳钉，不好意思直接给你，让我转交。唉，我这个亲儿子，都没这么好的待遇啊……

他妈妈那边，他也没闲着，隔三岔五买点儿东西寄过去，就说是女朋友买的。后来居然还PS了一张体重秤的照片，和他妈妈说，他这一个月胖了五斤，都是因为女朋友做饭太好吃，把他喂肥了。

这样几次，他妈妈慢慢改变了看法。去年，两个人终于顺利结婚。

结婚当天，送完宾客，她拉着他的手往回走，突然说，之前那对耳钉，是你买的吧？

朋友心里咯噔一下：你怎么知道的？

她说，本来不知道，现在我知道了。

其实她早就知道了。给他洗裤子的时候，她翻到了他买耳钉的收据。

但她什么都没说。他用她的名义给他妈妈寄东西，她自己也在寄，只是没告诉他。

这两个人，都瞒着对方在为感情努力。

这就是天造地设的一对啊。没有这些谎言，两个人就走不到今天这一步。

昨天还有一个女孩留言，她之前恋爱的时候，闺密很不看好她的男朋友，有天聊微信的时候，就说了些她男朋友的坏话。

她本来也没打算让她男朋友知道，反正在她心目中，他没毛病。

谁想到她男朋友正巧在旁边，她下意识地做了一个躲避的动作，被他察觉到，以为她在背着他跟别人调情，非要看她在干什么。

她没办法，就给他看了。

最后搞得所有人都很尴尬。

我朋友八月也遇到过同样的问题。有个工作上认识的男的，明知道她有男朋友，还一直对她示好，深更半夜给她发短信说：“睡不着，你呢？”

拉黑当然不现实，八月不动声色，凡是那人发来的信息一律删掉，一条都没回复过，过一阵子，对方就消停了。

她男朋友自始至终都不知道，她也不想让他知道。

她当然不会做出对不起他的事情，但被他看见，他难免会疑神疑鬼。因为一个烂桃花影响两个人之间的信任，没有必要。

我们当然期望看到，两个相爱的人彼此坦诚、直白以待，但实际操作起来，总有些事，是不想，也不能让对方知道的。

这时候就需要一些说话的技巧，四两拨千斤，非要较真起来，都算撒谎，可要是没有这些谎话，恋爱就走不下去。

有些事，对你们的感情无害，但会让其中一个人不开心，那就没必要说。

就像昨天还有一个留言说的：你送我的礼物我不是很喜欢，但我还是会装出很开心的样子，说“好棒啊”。

至于我是不是真的喜欢，只要你细心，以后你自然会明白，在那之前，何必要浇你冷水？

何况很多时候，“睁眼说瞎话”，目的不是为了骗人，而是为了增进感情。

比如说，有个女孩突然问她男朋友，我和新垣结衣，谁更漂亮。

该怎么回答?

那当然是回答“你，必须是你”。

问的人心血来潮，没有认真在问，回答的人当然也不要有什么压力。

说个无伤大雅的小谎话，调节气氛，贴近距离，有益无害。

哪怕你心里觉得新垣结衣好看，也无所谓。

你以为你女朋友不懂吗?

99%的女孩都知道，这是一句玩笑。

但她们听到还是会开心的啊。

吵架的时候男生都在想什么?

最近收到了很多问题，多数都集中在“吵架”这件事儿上。

简单总结一下，大概分为以下几种：

“为什么一吵架他就大喊大叫？”

“为什么吵着吵着他就不说话了？”

“为什么吵完架第二天，他看上去就跟什么都没发生过一样？”

“他是不是不在乎我？”

当然，最后一个问题就有点儿上纲上线了。

他要是不在乎你，他是不可能跟你吵架的，你一闹情绪，他早就走了。

吵架，也需要感情。

那吵架的时候，男生到底都在想什么?

有的问题很好回答。

“为什么一吵架他就大喊大叫？”“为什么吵着吵着他就不说话了？”

很简单，他吵不过你啊。

虽然这样说不太好，但女生在吵架这件事上，真的是有天赋。

脑子灵活、逻辑缜密、步步为营，对方想回嘴都不知道从哪儿下手。

男生就不行了，平时可能嘴快，一到吵架，智商就跟不上了。

他们还纳闷：刚刚还好好的，怎么突然就生气了？

他们想当然地以为，这件事不是大事儿，你稳定稳定情绪就好了。

所以他们多数都希望，少说话，不要冲动，等你消停一些，再就事论事。

你可能经常会听到他说：你现在情绪太激动，我们过会儿再说吧。

潜台词：咱们都冷静冷静不好吗？

你反而不理解。为什么要冷静？不是正吵着吗？你有种倒是跟我吵完啊！

这就好像两军打仗，一方锣鼓喧天鞭炮齐鸣正准备乘胜追击，另一方“咔嚓”把白旗竖起来，居然打算投降了。

你怎么可能放过他？

结果就是你连珠炮一样说了好几分钟，他吭吭哧哧半句话都说不出来。你就怪他为什么不说话，越想越气，恨不能干脆把房子点了。

最后他更不敢说话了，他想：反正我说什么也是吵，还不如干脆不说。

还有一种情况，是他觉得他也快压不住火了，赶紧收一收心，以免说出不该说的话。

个别脾气差的，这时候就开始大喊大叫了。

好好说你不听，那就比谁嗓门大吧。

于是战争升级，你来我往大吵一架，彼此都把伤疤揭一遍，血淋淋，鸣金收兵。两个人陷入冷战，谁也不理谁。

没有人愿意在这种情况下先和解，只好带着一肚子气，各睡各的。

但是生气这个东西，一般不会过夜，一起床，你的心情就好转了。

他一看你心情好转了，就觉得问题好像过去了，还像平常一样对你，你也觉得不能总板着个脸，就正常回应，也能说也能笑。

这就是为什么，“吵完架第二天，他看上去就跟什么都没发生过一样”。

他想：你看上去不生气了啊，是不是没事儿了？那接着好好过日子呗。

你想：他这么平静，肯定没有把矛盾放在心上吧，果然还是不在乎我。

然而你自己知道，这事儿还没完呢。

昨天并没有吵出个所以然，问题没有解决，矛盾没有化解，你还是想要一个答案。

但是好不容易两个人都冷静下来，你也不好意思再提，于是问题就搁下了。

搁下了，就成了一个炸药包，随时都会爆炸。

他以为你不会再记得这个问题了，所以他没有在意，结果那个激怒你的点，仍然存在。

下次他又触到了这个点，你肯定忍不了，随后又是一轮腥风血雨。

你还会想，为什么这个人这么蠢？都吵了几回了还记不住？

他则是想，咦，这个话题好像似曾相识啊……

问题出在哪儿？问题出在，你们需要很认真地谈一次。

吵架吵得很凶，没问题。事情当时没有解决，没问题。第二天他好像转头就把这事儿忘了，也没问题。

等气消了，坐在一起，好好和对方沟通。

仔细想想，你是为什么不开心的，他是怎么对你的，你们的哪个举动，把矛盾激化的。

整个过程重演一遍，告诉他，下次出现同样的情况，你希望他应该怎么做。同时也知道，他是怎么想的。

话说开了，问题也就可以消解了。

恋爱其实是一个漫长的磨合过程，对方说什么话会让你不高兴、什么样的行为不能被你接受、你需要他怎么对你，都要通过沟通，才能发现。

虽然残酷，但吵架，恰恰是沟通的一部分。

也不用因为吵架了就不好意思，觉得自己是不是脾气不好。

吵架不重要，重要的，是通过吵架，了解彼此的思维方式，从而可以互相体谅。

情侣不怕吵架，怕的是吵完之后，还是不知道是因为什么吵起来的。

除非你们是真不想过了。

当然，以上仅针对那些通情达理的正常男人，才有效。

一吵架就摔门而出的、你不理他他肯定不会理你的、说吵架都是你的错的、认为你就是无理取闹的……

让他滚。

至于“她一生气就抱住她说‘对不起，是我错了’，绝对有效”这种奇葩言论。

去他妈蛋的吧。

逃避问题、敷衍了事，治标不治本。

你们知道会是什么后果。

谁先道歉一点儿都不重要

一朋友和女朋友吵架，半个多月，谁也不理谁。本来说好过年回家见家长、年后筹备结婚的，这下闹大了，女的退了机票，男的在哥们儿家住了一星期，眼看着就是散伙的节奏。

冷战打得这么厉害，我们都以为是谁犯了原则性问题，比如吃了不该吃的饭、睡了不该睡的人，小心翼翼打听出来，一帮人全傻了。

起因很简单，两个人周末想去参观一个展览，需要预约，女的让男的打电话去约，男的忙着赶一项工作，约晚了，没预订上。都是上班的人，火气大，女的从男的上周忘记充电费一直数落到他半年前睡觉不洗脚，核心思想六个字：你不关心我了。男的一开始还解释，后来破罐子破摔，大吼一声："我就这样！受不了就算了！"

……就这么点儿事儿？我问。

不然呢？朋友说。

……这么点儿破事儿闹成这样！你们玩儿我呢吧？

这是不是变相秀恩爱？是不是？

宁拆十座庙（虽然不知道庙招谁惹谁了），不毁一桩婚，该劝还是得劝。我们先去劝女的，说他也是忙晕了，展览这周看不成还有下周，实在看不成就不看，平时感情挺好的，犯不着。

男的那个哥们儿含泪恳求，让他回家住吧，求求你。

女的不高兴。出去就别回来！

我们只好说，他不敢，你示个好，他就回家了。

女的扭过脸去。他自己说的，受不了就算了，凭什么要我示好？

没办法，我们又去劝男的。

她也不是有意的，我们说，你忘了预约，错在你，跟人道个歉，别折腾了。

那个哥们儿继续含泪恳求，回家住吧，求求你。

男的不高兴。怎么就错在我？我天天加班到晚上十一点，她想看展览，自己去约啊！我也约了，没约上，这能怪我吗？

问题是你答应她了啊！

我们只好说，现在这事儿已经不重要了，就等你一句话，三个字“对不起”，简简单单，大老爷们儿不要那么较真。

男的瞪我们。她自己翻旧账才吵成这样，凭什么我先道歉？

说完补充一句，你们没听说过吗？谁先道歉谁就输了！

我们都有点儿愣神，心想两口子过日子，分输赢干什么？

赢了你就厉害了？

这件事让我们好几天都想不明白。情侣吵架我们也见惯了。有一对奇葩情侣，因为早晨谁先刷牙这样的问题都能吵起来，结果越吵感情越好。只要一吵架，不管谁先起的头，第二天男的必定要买上一大捧鲜花，拿绳子捆在背上进门，号称“负花请罪”。

还有一对，只要女的一生气，男的就主动跪键盘。

这两个人还有自己的心得。

第一个说，其实吵架我也生气，但是生气归生气，一两个小时就过去了，想和好怎么办？道歉呗，和自己女朋友较什么劲？

第二个说，我不会说话，我就跪键盘，不疼，真的，给你们推荐一款好键盘，跪着可舒服了，还便宜……

我们先不说键盘的事儿。我们说吵架。

我还没见过交往一年以上的两个人不吵架的。小架怡情，大架摔碗，有一对，女的气急了，翻出结婚证就要撕，想想补办好像怪麻烦，又放下了。

毕竟，吵架是一时的，感情是一世的。

不是所有的吵架都事关重大。很多吵架的缘由，无非是聊天说错了一句话、炒菜多放了一勺盐，约会看电影、她睡过头了，或者一起吃晚饭、他却忙着刷微博。本来两个人都清醒一点儿，根本不至于吵起来，但既然吵起来了，就要想办法让争吵结束。

不，我不是教你们把对象打死，不是的。

谁想和好，谁就先示好。不想当面说，可以打电话，不想打电话，还可以发微信。不想说对不起，那就随便说点儿什么。

“晚上去超市买东西吧”、“今天忘了带钥匙”、“同事又开始犯二了”……明明有那么多话可以说，有那么多事可以做。我以前认识一个人，每次和女朋友吵架，临下班女朋友就会给他发一条短信：做了红烧排骨，回来吃饭。

有红烧排骨吃，谁还生气啊？

至于一开始是谁错了，已经不重要。

和好了才重要。

要是两个人都不想道歉，那完蛋了，劳燕分飞、形同陌路，早晚有那么一天。

有些事，我愿意低头。我不在乎事，我只在乎你。

别把惯着你的人作跑了

一个哥们儿闹分手，闹得我们整个朋友圈人心惶惶。

他把女朋友微信删除、电话拉黑，摆出老死不相往来的阵势。后果是他女朋友挨个给我们打电话：你们能不能劝劝他？

说实话，我们不是不想劝，实在是不知道怎么劝。

平心而论，这大哥之前对他女朋友真的不错，家务活全包，接送上下班，不红脸不吵架，人间楷模。

他女朋友一开始还觉得过意不去，后来可能是惯久了，有点儿不拿他当人。

手机必须24小时开机，晚一分钟回微信就冷战，他加班走不开，她就连续打十几个电话，催他下班。

有一天大哥不小心从楼上摔下去，脚踝骨折，在家养着，什么也干不了。他女朋友就天天给他脸色看。

稍微好了一些，他女朋友就让他接她下班，说不喜欢地铁里的怪味儿。

他苦笑，我是真去不了啊。

他女朋友也不说话，过一会儿给他微信转了篇鸡汤，大意是男人不肯为你舍命，就是不爱你。

哥们儿彻底怒了，你不体谅人就算了，还没脑子？

于是就到了这个结局。

女的不断问我们：你们说，他怎么可以这么绝情？

我很想反问：你说为什么呢，孩子？

1

谈恋爱，首先要分清一件事：什么是基础题，什么是加分项。

就拿刚才说的事儿举例子。

你不想自己回家，让他来接你，他腿脚灵便没灾没病，但说要打游戏，让你自己回来。这就是不及格。好走不送。

你让他来接你，他很快来了，没有不情不愿，还因为看见你所以很开心；或者他不放心你自己回家，主动来接你。这就是基础题满分，三好学生。

你让他来接你，他腿上打着石膏，但还是一瘸一拐地来了。这叫什么？

这叫超纲。在满分的基础上，加多少分都不嫌多。

但你要知道，他不方便，不来，那没有任何问题。

如果明知道他行动不便，你还强行要求他来接你，有错的其实是你。

这就跟考试一样，做到满分，就已经很好了，不能要求每个人都把加分题做了。

人人都是学霸的世界，很美好，但不可能。

不然你想想你当年上学的时候，一套卷子，一百分满分，加上附加题，一百二。

明明考一百就已经是好学生，老师非得要求所有人都必须做完附加题，不然就该去死。

你是不是也特别恨这个老师？

恋爱，是一样的。

你自己不能接受的事情，就不要强迫别人去做。这是基本常识。

男生的确应该对女生好，这天经地义，没什么可以辩论的。

但这件事里，有一条线，因人而异。

越过那条线，就不是谈恋爱了，是跪舔。

当然，只要他愿意，跪舔也没什么问题。

你把他踩在脚底下都没问题。

不过你要明白，这种情况下，他要走，随时都是会走的。

2

有个朋友曾经说过一句话。

每次他对我好，我都会觉得不安，感觉自己应该回报他的好。这是不是就是爱情?

我觉得她活得很明白。

爱情从来就不是一方无条件地对另一方好，而是你对我的好，我都记在心里，然后同样对你好。

你要求他记住你喜欢的每一样东西，那你也要记住他的。

你要求他照顾你无微不至、滴水不漏，那你也要在他疲倦或者心情不好的时候，给他一点关心。

他并不图你这些回报，但你也不能因为他不说，就当他真的不需要。

一个女生之前给我留言，问我：

如果男生真爱女朋友就应该会想惯着她，而女生真爱男朋友的话，也并不会因为被宠就变作，而是会加倍回报形成良性循环，是这样吗?

嗯，理论上是这样的。

可惜仅仅是理论上。

现实不是。现实是有的男生真的对女朋友特别好，但女朋友并没有给出回应，也没有因此表现得有多么感激，还是稍有不顺心就吵架，一吵架就闹分手，其实也不是真要分手，就是想看着男朋友低三下四地求她复合。

私下里还很得意：你看，他都不敢跟我分手。

最后一般是男的突然有一天说了分手，然后就真的撒手了，转脸成路人，心硬如铁。

这时候女生突然幡然悔悟：我是不是对他太冷漠了？

好好的恋爱谈成这样，是不是很悲哀。

恋爱是平等的。最好的爱情，是两个人一起做饭、一起洗碗，高兴的事一起乐呵，困难的事一起分担。

不是他惯着你，你就真把自己当宠物，什么事儿都不干，衣来伸手饭来张口，出了事儿怪男朋友不好，一有困难就六神无主。

他一定是养了个智障，对吗？

你生个孩子，孩子如果懂事儿，四五岁就想帮你干活了，看见你忙前忙后地操持家务，也知道体谅你的辛苦。

有的女生连这个都不懂。

活该你被人甩。

3

世上有多少渣男，就有多少不动脑子的蠢女人。

以前认识两对情侣，之所以说“以前”，是因为他们都闹掰了。

有一对，恋爱两年，男的从来没和女的翻过脸，一吵架，就缩在沙发里挨骂，被骂得狗血淋头。

我们一群人一起吃饭，吃着吃着，两人一句话没说通，女的直接把他饭碗掀了，掉头就走。他赶紧起来追，裤子上还沾着番茄酱。

他们最后一次一起逛街，女的生日，男的买了礼物，安排了一家很不错的餐厅吃饭，本来预约好的，但餐厅弄错了，没登记上，要排队半个小时。

女的把他送的东西往地上一扔，在商场里就爆发了。

“你不想带我来就直说！我为什么过生日还要在这里等？！”

他当时没说什么，回家之后，坚决提了分手。

还有一对，男的赚钱不多，但很舍得给女朋友买东西，赚5000，有4900都愿意给她。

结果他女朋友天天嫌弃他穷，说他养不活她，她要去找个土豪嫁了。

有一次她给她闺密打电话，当着他的面说他没用，还振振有词：男朋友就是要给女朋友钱花啊，不然要男朋友干什么？

那个男生说，当时他的心就凉了。

他惯着你，是因为他人好，你不能把这个当理所当然。

我们当然都愿意看到满地好男人，打不还手，骂不还口，无条件宠女朋友，要什么给买什么。

别说是YSL了，要火箭都行。

事实上这种男人的确很多，但他们的女朋友，都知道珍惜吗？

人不是不可以作，但要有个度。

把无知当盾牌，把耍赖当武器，把“他喜欢你”当作提各种无理要求的借口。

最后的结果就是你耗尽他所有的耐心，直到他再也忍受不了，撒手走人。

你还觉得是他的问题——之前都可以对我那么好，为什么现在不行了？

因为他对你所有的忍让、信任、爱惜，都被你透支了。

你要认清楚，他是你的男朋友，不是奴隶。

他和你在一起，是要和你相濡以沫、共度一生，不是下了班，换个地方打工。

他对你，只有责任，没有义务。

有义务的，那是你爸。

如何正确地看待节日礼物？

1

关于七夕，有个很有意思的故事，我一直忍着没说过。

大学时候有个同学，女孩，谈了个很木讷的男朋友，两人恋爱半年，迎来第一个七夕，女孩就很期待，不知道男孩会送她什么。

最后她收到一盒意大利进口巧克力。

拿到巧克力的时候，女孩还是很开心的，接着男孩说了一句话，她愣了。

“这是我妈之前寄给我的，我不想吃，送给你吧。”

这个故事非常经典，一直在我们的朋友圈子里广为传颂。

男孩也是real耿直啊。

真是想什么说什么，这话明明可以换一种方式说。

“这份礼物准备了很久了，怕你不喜欢，到今天才敢给你。希望你不嫌弃。七夕节快乐。”

这样是不是就感人很多？

当然这也不是重点。

重点是到第二年，2月份情人节那天。女孩此前已经和男朋友明示暗示多次，表示我不想要一个你妈给你、你不要，这才给我的“礼物”，我想要点儿特别的。

男孩说好。

女孩那个激动啊，盼星星盼月亮，盼这个“特别的礼物”。

然后男孩送了她一个造型奇异的钥匙扣，路边买的。

“很别致吧？”男孩说，“你说想要特别的礼物，我正好在路上看到了，就买来了。”

现在你是不是很想知道，这个故事里的女孩有没有怒发冲冠，旋即和男朋友分手？

别急，我们一会儿再揭晓这个。

2

关于节日礼物这个话题，我曾和一个女性朋友进行过一场很严肃的讨论。

最后得出一个结论，在送礼物和收礼物这件事上，男女思维的差异，实在是太大了。

男性思维通常是：你到底想要什么？你告诉我啊。

而女性思维则是：靠，我想要什么你不会自己猜吗？！

连我想要什么都不知道，还好意思觍着脸说爱我？

就好像我之前在网上看到的一个吐槽帖，一个女生很委屈地写道：

我就想要个口红啊，都暗示他一个月了！为什么他非要送我永生花？去他的永生花！

你看，这就是矛盾的起源。

站在女生的角度，这个吐槽很好理解：我用尽方法暗示你，你怎么就不懂呢？非要我自己开口要？多没面子啊！

站在男生的角度，可能男生也很委屈：你想要口红，你直接说不行吗？永生花怎么了？永生花不是也很浪漫？

你说这里头谁错了？

如果我是一个女性，我肯定帮着这个女孩大骂男的，不走心、脑残、缺心眼儿、二货。

但我是一个男的，我想说的是，对于男性来说，这是常态。

因为男性的心理没有那么复杂，多数都很好看穿，想要什么就是什么，他们讲究直接、干脆、有实际意义。

比如他喜欢打篮球，送他一个斯伯丁他就很高兴。他喜欢模型，送他一个高达他就很高兴。他喜欢打游戏，送他一套高级键鼠他也很高兴。

但是女性心理就不那么好揣摩，她们不一定讲究礼物的实际意义，而是更看重附带的形式价值。

比如那个曾经被很多女性痛批的反面例子，一个男的在情人节那天，送了他女朋友一整年的视频网站会员。

理由：她爱看韩剧，经常在这个网站搜视频。

其实刚看到这个事例的时候，我有点儿迷茫，我觉得这事儿挺好的啊，虽然一年的会员没有多少钱，至少这男的是思考过的。

直到我的女性朋友们告诉我，在女生眼里，这就是不走心。

会员什么时候不能充？她第一次发现非会员看不了某些资源的时候，你就应该给她充了！这个怎么可以拿来当礼物？

3

很多男生最无法理解的，是女孩和女孩之间，居然还有这么多不同。

有的女孩喜欢实用，有的女孩喜欢浪漫。

有的女孩就是能因为你送她的项链是周生生而不是卡地亚和你翻脸，而有的女孩，送她个AGATHA，她都觉得有压力，受之不武。

有的女孩就喜欢大张旗鼓地送花，最好是办公室人最多的时候被快递小哥一个电话叫出去，然后抱着一大束玫瑰款款进门，享受身后的注目和窃窃私语。

有的女孩恰恰相反，最不喜欢的就是花，送到的一瞬间可能还高兴一下，两秒钟过后迅速冷静下来：这花要是死了，我该拿它怎么办?

而且花谁都可以送，不需要你来送。

你作为全世界可能或者说应当是最了解她的那个人，应该明白她最需要什么、最想要什么，而不是像多数人一样送花。

我写过一个故事，真实地记录了我的一位朋友，是怎么讨女朋友欢心的。

两人第一个情人节，他送了她一套竞技用键盘鼠标，因为她有时候会打游戏。

第二个情人节，他送了她一个按摩靠枕，因为她说她最近脖子疼。

第三个情人节，他送了她一台迷你饮水机，因为她一忙起来，经常忘了喝水。他还威胁她，不喝光迷你饮水机的水，不准回家。

他平时也很木讷，话不多，但他很聪明，既懂得察言观色，也清楚地知道，他女朋友是什么样的人。

什么是典范?这就是典范。

所以对于男性来说，买礼物之前，正确的做法是，你要先明白，收礼物的那位，属于何种性格。

你面对的是一个独特的个体，而不是“一类人”。

你觉得你买的是“网上说万无一失”的礼物，没准儿正好是她不喜欢的。

比如确实几乎没有几个女的不喜欢口红，但你确定你买的色号、品牌、款型、样式都买对了?她会不会过敏?会不会她最讨厌的一个女的也用这个，所以她视这款口红为世仇？

这都是功课。朝夕相处为了什么？就是为了这些。

最可怕的就是给喜欢实用的人送了花，却给喜欢浪漫的人送了人体工学鼠标。

四个字：你等死吧。

4

当然，现实很残酷。

现实就是，真的会用心去考虑女朋友究竟需要什么的男性，占少数。

之前某个旅游产品有一个广告（不说是哪家了），大意就是一个男的，因为“太忙”，忘了女朋友的生日，突然手机提醒他了，而且已经是晚上，他急中生智，用这个旅游产品订购了第二天飞某个地方的双人套餐，化险为夷。

感人吗？这个大手笔的劲头，是挺感人的。

感觉这个旅游产品都快给自己鼓掌了。

但是好像哪里不对。

就好像七夕这天，好几个外卖APP给我发提醒：七夕礼物买了吗？我们的外卖小哥随时听候差遣，你要什么给你买什么！

言外之意：忘了买礼物了吧？没关系，让互联网来拯救你！

还有一个开网店的女孩吐槽：为什么今天下单买化妆品的都是男的，而且都问我能不能下午送到？你们早干吗去了？

你满心期待想知道他送你什么，他却当天早晨，才刚刚想起来。

你能说这人不行吗？他好歹还记着要给你送礼物。

但如果你突然知道这礼物是临时决定、由一个外卖小哥去买来的，心里是不是也不那么舒坦？

这就是现实。

但指望几篇文章、几句吐槽去改变这个现实，不可能。你自己的男朋友，你需要自己说服教育。

你要让他知道，你给他发的那些图片，不是毫无理由的，引导他慢慢去了解你的喜好、你的习惯，包括你常用的东西，有必要的话，手把手教他认识各种品牌。不丢人。

等他自己去懂？

那你等吧。

5

说回文章开头那个故事。

那个女孩和她男友分手了吗？

没有。

她和他认认真真谈了一次，了解他都在想什么，同时也让他了解，她在想什么。

再往后的节日，他终于明白了，节日礼物对她来说，究竟有什么样的意义。

节日之所以存在，就是因为它有一种形式感。

平日里花些时间去互相磨合，到这一天才能皆大欢喜。

毕竟，礼物只是人生的一小部分，没必要搞得大家彼此仇视。

对男性来说，你不用管这个节日是从哪儿来的，合不合理。

你也不用去论证，这些节日的起源是不是个悲伤的故事、需不需要庆祝。

你就记住至少这一天你要让她开心，记住真心真意地去挑个礼物，把它送到对方手上就行了。

除非她明确表示不要。

（但是你要怎么确定呢？）

而对女性来说，你不用管朋友圈里大家收到的都是什么、值多少钱。

你也不用去探查，他是什么时候给你买的礼物，是不是突然想起来才买的，或者这个礼物究竟是不是你想要的。

放下手机，和喜欢的人高高兴兴吃个饭，说些甜言蜜语，留个美好的回忆。明天又是新的一天。

日子很长，你有大把的时间去调教他，是不是？

你一生的感情，会经历三个阶段

还是先讲一个故事。

以前听一个女生讲的。她在一家小公司工作，有一个男朋友，两个人住在一起。公司当时处在扩展业务的阶段，有时候会有一些紧急的任务，需要部分员工加班，给加班费。

但她只加了一次，男朋友就跟她发脾气，说她不顾家，说她一个女生晚上十一点才进家门，很不合适。

她想了想，同意了。后来公司再需要人加班，她就各种理由推脱，每天准时下班回家做饭、打扫卫生，等男朋友回来。

她年纪不大，想趁着年轻多出去旅行，跟男朋友提了一下，她男朋友说她，“我们还要攒钱结婚，哪有钱给你旅行？”

她想买一套新化妆品，她男朋友又说她，“买那么贵的干什么？你上班化什么妆，买套便宜的玩玩儿得了。”涂过一次指甲油，被男朋友强制要求马上卸掉，“最讨厌女的打扮得花枝招展，想勾引谁啊？简单一点儿多好。”

恋爱两年，她从一个活泼开朗、喜欢和人打交道、喜欢研究美妆的少女，活成了一个听男朋友话的“贤妻”。

有时候看着同事们活力四射、妆容精致的样子，她也会羡慕，偶尔也想偷偷买点儿什么，但转念一想，男朋友会生气，算了。

直到有一次，她发现男朋友在微博关注了很多网红，还在评论里留言，跟人要微信号。

她质问男朋友，对方恼羞成怒，“我就是随口说说，我拿到微信号了吗？你为什么看我微博！”

后来她仔细想想，二十多岁的年纪，她没有出去旅行过、没有用过什么正经护肤品，漂亮衣服也没几套。

别人的生活都很丰富，她天天围着锅台转。

而且因为从来不参与加班，领导对她很有意见，每次涨工资，她都是最低的那一档。

想了很久，她意识到，她为了他变成了另一个人，却从来没问过，这个改变，是不是她真的想要的。

她跟男朋友提了分手，搬出了他们合租的房子，男朋友通过微信、短信、电话骂了她好几次，说她肯定是变心了。

她只回了一次：我没有变心，但我不想再因为你，把自己变得面目全非。

我见过很多“迁就”的感情，多数都是第一次恋爱，生怕失去对方，生怕对方生气，所以为了取悦另一半，慢慢丢了自我。

然后在某个时间点突然反应过来，妈的，你算老几？我凭什么为了你做这么多牺牲，你却乐享其成？

事后想起来，都感觉青春喂了狗。

但这其实，是很多人都要经历的、发现自己的过程。

人一生中的感情，循序渐进，分为三个阶段。

第一个阶段，我喜欢你，所以我愿意为了你随意改变我自己，只要你喜欢，我做什么都可以。

这个阶段，叫“迷失”。

你不喜欢我穿裙子，那我就不穿了；你不喜欢我晚回家，那我就早点儿回去等你；你不喜欢我和外人打交道，那我就只和你说话，做个乖乖的女孩子。

在这个阶段里，人还不懂什么是爱，觉得爱就是顺从、就是体贴，对方要求什么，那就是什么。

这种恋爱，最后都变得很痛苦，因为它反人类。

何况任何试图掌控另一半、改造另一半的感情，都是畸形的，掌控欲在某些脑子不开窍的男生身上，尤其明显。换句话说，他喜欢的不是你，他只是需要一个女朋友，来满足他对恋爱的所有幻想。

甚至他没有把你看成一个独立的人格，他把你看作是一件财物，他可以随意支配，并且不让任何人接触。

你如果事事都听他的，他会很快对你失去兴趣；但你如果试图不听他的，他会跟你翻脸。

结局要么被劈腿，要么分手。

第二个阶段，我喜欢你，但我不想因为你做任何改变，我要做我自己，你可以接受，我们才能在一起。

这个阶段，叫“拒绝”。

产生这种心态，大多数是因为第一段或者前几段感情受了伤害，既然为对方改变不能收获圆满的结局，那索性不再为任何人改变，一切只为自己考虑。

我就是要随意发脾气，我就是不在乎你的感受，我就是不关心你怎么想，我自己爽就行。

你有意见？那你滚啊，我求着你留下了？

强硬、不理智、浑身是刺，甚至有的时候，把伤害对方作为对前一段感情的报复，对方越委屈，你心里越高兴。

这也是一种畸形的关系，毕竟，你上一段感情不好，现任没有任何责任，却要替你的前任还债。

毫无道理对不对。

但这个阶段，你的另一半仍然是稚嫩的、不成熟的，他不知道如何处理这种状况，不懂怎样应对，单纯地认定你就是找碴儿，最后一般都是以大发雷霆结束。

结局就是他指责你一通后离开。你还要恶狠狠地想，果然男人都是这样。

第三个阶段，我喜欢你，而且我知道你接纳我的一切，所以我不需要特意去改变什么，但在交往过程中，我慢慢变成了更好的人。

这个阶段，叫“自由”。

我一个朋友跟我说，她第一个男朋友是个渣男，经常好几天不联系她，每次吵架都要她先低头认错，记不住她生日，她提起来，他还说她“太物质”。

她那个时候不知道着了什么魔，坚定地认为这个男人是她真爱，为了他，什么事她都肯做，只要他高兴。

后来对方各种撺掇她去开房，还暗示要AA的时候，她实在受不了了，吵了一架，过一个星期，男朋友搂着一个萌妹子，跟她提了分手。

那之后她看哪个男的都跟看仇人一样，脾气也变得很差。后来有一个男生主动追求她，追了整整半年，几乎是无条件对她好，她心软了。

她给男生打预防针，“我脾气不好，你要有心理准备”。

男生笑笑，“没关系啊，我脾气好。”

女生想想，就答应了他。但他们恋爱之后，她还是会受前一段感情影响，有时候莫名其妙地发火，因为一切旁枝末节的小事看对方不顺眼，大闹一番。

男生很少和她争吵，就算不是他的错，他也不会当面反驳，而是等她冷静了，再跟她慢慢解释。

后来有一次，她发完脾气、凶狠地坐在沙发上，却看到对方默默地在厨房切好水果，端到她面前，她一下懵了，问自己：我是不是太浑蛋了？

明明是上一段感情遇人不淑，明明他没有做错什么，明明他们俩在一起很合适、他不会晾着她晾好几天、她跟他有很多话聊。

为什么要伤害他？

渐渐地，她开始收敛自己的脾气，看待事物也越来越开朗、阳光。

她心里很清楚，就算她继续任性下去，他也可能会都忍下来，但她不舍得让他忍。

这种喜欢，才是真正的互相喜欢。你认同我的全部，而我为了不辜负你的认同，愿意变得更好。

这三个阶段，不是所有人都会完整经历，有的只会经历两种，个把幸运的，可以一步到位，直接进入一辈子的幸福生活。

但不管经历几个阶段，最后一定是第三阶段。

有人问我，什么时候才能确定，对面那个人可以托付一生？

当你发现，你不必为了一个人刻意去改变自己的时候。

当你发现，你们都在不知不觉间慢慢变化的时候。

当你发现，你可以毫无压力地做自己，你自己都忍不了的缺点、对方却不介意的时候。

我们一辈子都在取悦各种人，而那个人，他不需要你特地去“取悦”，你只要站在他面前，他就会对你露出微笑。

这个人，就是你要找的。

关于恋爱，这四件事你一定要知道

我总会收到很多关于恋爱的问题，有的当下就回复了，有的没有，因为当时没想明白。

后来想了想，这几个问题其实是可以归类的，虽然每个人的故事都不太一样，但核心矛盾，不同的故事里有相似的地方。

简单总结了一下，大概有四类。

所以想谈一场让自己满意的恋爱，有四件事非常重要：

1. 沟通永远是最关键的

就我自己的了解和观察来说，一半以上失败的感情，都是因为沟通不畅。

有的是没有机会沟通，比如你跟对方说一件事，他忙着打游戏，完全不理你，或者你给他发一条信息，他过好几天才想起来回。

这种比较绝望，谈这样的恋爱不如不谈。

有的是有机会，但不愿意沟通。

比如你跟对方说你心里的担忧，对方来一句“这种破事儿有什么好操心的”，一下给你顶回去了，这样来个两三次，你就不想再跟他交心了。

所以恋爱一开始，建立良好的沟通关系就很重要，两个人都要养成倾诉和倾听的习惯，一方面互相都有情感的出口，另一方面你知道当你遇到困难或者就是单纯想聊天的时候，有个人愿意无条件地听你说话。

另外重要的一点是，要充分向对方传达出你的不满。

出于各种各样的原因（比如担心惹对方生气），很多人宁可把心事跟外人说，也不愿意跟身边的那个人说，但你要知道，外人对你的真实情况并不了解，他们能够给你的建议和方案，都是基于他们自身经验的思考，不能完全代表你。

每次有人向我抱怨另一半的种种不是，让我帮忙分析“他究竟爱不爱我”，我都会第一时间反问：这些话你跟他说过吗？

就像之前有个女生，收拾东西的时候发现男朋友还留着前女友送他的一些物件，就问我，她男朋友是不是旧情不忘。

我说，如果你觉得这样让你心神不定寝食难安，那你就跟他谈一谈，看他怎么说。

结果最后发现，是她男朋友也忘了还有这些东西，当着她的面就直接扔垃圾桶了。

很多人喜欢让对方去猜自己的心情，美其名曰“连我怎么想的都看不出来，怎么好意思说喜欢我”。

但有时候人的一些小情绪、小心思，是很难一眼看出来的，尤其是男生吧，心思没有女生那么细腻，本来就不擅长这种事。

如果一件事你想让他知道，最好的办法就是直接告诉他。

生气就直说生气，不满就直说不满，看他对此有什么样的反馈，是理智地思考哪里有问题、怎么去改变，还是一笑了之。

这个时候，再去考量“他爱不爱我”，也不迟。

2. 要有相同的兴趣爱好，但也要接受对方和你的不同

认识一对情侣，两个人都喜欢电影，闲暇的时候会选个片子，坐在一起看，有时候能一部接一部看下去，看一天。

他们喜欢的影片类型、风格，乃至演员、导演，都很接近。

但电影不是他们生活的全部。那个男生还喜欢电子产品，经常自己坐在屋子一角研究相机、电脑、手机之类，一台相机能摆弄一晚上。

这些东西，那个女生就没有兴趣，所以男生忙得不亦乐乎的时候，她坐在沙发上追网文。

我习惯说他们俩，天作之合。

这种关系其实是最舒服的，两个人有一样的爱好，有可以一起做的事情，同时还因为这个爱好，多了无穷无尽的话题。

而在此之外，他们又有各自的兴趣所在，一个人忙的时候，另一个人也有自己的消遣，彼此都不会觉得自己受了冷落。

更重要的，那个女生理解男朋友对电子产品的热忱，不会怪他玩物丧志，那个男生也理解女朋友的小喜好，不会因为她追网文，就觉得她没文化。

感情里，不存在“兴趣爱好都一模一样”的两个人，决定在一起，一定是基于一个共同的喜好，同时允许差异的存在。

你的女朋友喜欢看韩剧，你不喜欢，你喜欢看球赛，但在此之外，你们俩都喜欢听相声，这就没什么问题。

但如果她只喜欢看韩剧，你只喜欢看球赛，你们共处的时间永远是各干各的，这就有问题了。

3. 你的恋爱对象，一定要是你喜欢的那个

时常会有人问我，恋爱是选自己喜欢的，还是喜欢自己的。

这其实没什么好迟疑的，当然是选自己喜欢的，这样就算最后跌得头破血流，也不后悔。

我一个朋友，年轻的时候全部志向就是找个有钱人过日子，住豪宅开好车，有没有感情无所谓。

她也真的找了个有钱人，但没过一年就分手了。

用她的话说，每天面对一个自己不喜欢的人，实在是过不下去。她以为实现了目标，忍一忍就好了，或者天长日久，慢慢就习惯了，最后却发现，相处时间越久，她就越在意其实她并不喜欢他这件事，他的缺点被无限放大，直到她再也骗不过自己。

这个世界上的确存在“处着处着就喜欢了”这种现象，但这是一种赌博，多数都是“处着处着，反而从没有什么特殊的感觉，变成了彻底的厌恶”。

如果你决定和一个人谈恋爱，这个人必须是你发自内心喜欢的，颜值、性格、习惯、举止，不管是不是一瞬间的感觉，但这辈子没有他就不行，不是他，宁可单身。

而且喜欢会模糊对方的缺憾，磨合起来就容易一些。人都是有各类小毛病的，你喜欢这个人，你会接受他的不完美，甚至觉得他的个人形象显得更立体、更饱满，如果不喜欢，你只会不断地挑刺。

我们经常说，你喜欢的人，睡觉打呼噜你都觉得他很可爱。

要是不喜欢的呢？

你会想，这个人怎么这么恶心。

这也是为什么，有时候明明这个人各方面条件都很好，但你就是不想和他在一起。父母介绍的那个相亲对象确实没什么可挑剔的，但你就是无法跟他亲近。

不是他不合适，是你不喜欢。

换句话说，只有喜欢了，才能去考虑合不合适。一家餐厅，你连走不想走进去，那它的菜究竟好不好吃，也就不重要了。

4. 性格接近比性格互补更重要

我不太能理解有些人追求的“性格互补”这件事，好像外向的人就应该找个内向的人谈恋爱，话多的人就应该找个话少的人谈恋爱，张扬的人就应该找个闷骚的人谈恋爱。

以前写过一个故事，一对情侣，男生热衷于尝试人生的无限可能，永远不满足现状，而女生是脚踏实地的性格，对“冒险”之类丝毫没有兴趣。

两个人没能成功地走到最后，因为差异太大了，女生不懂男生为什么思维那么飘浮，男生不懂女生为什么胆子这么小。

这就是一味在意“性格互补”会发生的矛盾，跟兴趣一样，性格互补也要建立在某些相似的点之上，两个半圆拼在一起，能拼成一个完整的圆，首先是因为它们都是圆的一部分。给你一个半圆和半个正方形，你怎么拼？

而且这又会回到“沟通”的那个问题。

我一个死党是个内向的人，有些自卑，有些社恐，不喜欢跟人打交道，她第一任男朋友却是个乐天派，从来不知道什么叫自卑。

死党有一次把她的心情跟男朋友说，她男朋友第一反应：你怎么能自卑呢？你明明很优秀啊。

这就等于说废话，谁不知道自己有优点啊，但有优点和自卑是两码事啊。

我那个死党之所以自卑，是因为她从小父母管得严，对她要求过高，稍微做错事情就要被批评，导致她特别在意自己的缺点。

而她男朋友没有这种经历，一直活得很顺遂，所以他很难理解，自卑是一种什么样的感受。

最终他们分开的原因，是他觉得她想太多，工作生活都放不开，反过来给他造成了压力，而她觉得他不能理解她的想法，她为了在他面前装出一副没心没肺的样子，也很累。

所谓恋爱，其实就是四个字，感同身受。

首先两个人要有相似的经历、相近的思维方式，有一个共通的喜好，才能够互相接近，互相赏识。

其次如果产生了问题，坐下来，好好聊一聊，站在对方的角度上思考，比你自个儿瞎猜“他是怎么想的”，有用得多。

很多人说恋爱很累，是因为恋爱需要经营，不是光喜欢就够了。

话又说回来，人和人打交道就是很累啊。

跟同事、同学尚且需要长期的磨合和试探，何况是朝夕相处、可能会一起过一辈子的人呢。

面对爱情，我们的理智是怎么消失的？

因为写过不少爱情故事，平时也会有人通过各种渠道给我发信息，多数都是“我觉得他不好，我该怎么办”之类。

去年收到一个微博私信，我正忙，随手点开了，扫一眼，吓了一跳。

一个女孩的头像，问的是：昨天他又打我了，我应该和他分手吗？

我一愣。卧槽家暴零容忍啊！已经21世纪了孩子！

而且，什么叫“又”？！

还没抽出手回复，女孩又写：其实也没什么事儿，就是吵起来了，他打了我一巴掌。

以前也打过。女孩继续写：他脾气不是很好，不过打完他自己也挺后悔的，会和我道歉，给我买东西，就是这次太疼了，我哭了一晚上。想问问你，我该分手吗？

我放下手头的事儿，耐心看完了每一个字，想了想，给她回复：

我不知道你怎么想，反正在我这儿，家暴是犯罪，必须分。

然后没消息了。过了两天，收到回音。

“可我想再给他一次机会。”

我瞬间就不想和她说话了。

那边还在回复，很长，大意就是他打人也不重，一般就是照脸扇一巴掌“而已”，平时他们感情很好，她想和他结婚。家里人知道这事儿，劝她说男人有点儿脾气“很正常”。何况他发脾气“也是她不好”，她“需要改正”。

我一下想到小时候看的一部电视剧，《红蜘蛛》，讲女性犯罪的，半纪录片性质，里头有几个故事就是说男的家暴，女的一直忍一直忍，后来忍不了，把男的杀了。

于是我回复：有一次就有两次，这次动手，下次可能就上棍子了。

女孩说：不会的不会的，他不忍心的。

我把私信窗口关了。

隔了一天，女孩又给我留言。

你可能觉得我很傻，我就是爱他，我愿意慢慢改变他。他不生气的时候真的对我很好，其他的，我可以假装看不见。

而且，不是都说，爱情是盲目的吗？她最后写。

……盲目不等于瞎啊！

后来碰见过几次类似的私信，一开始我还强忍住想骂人的欲望，认认真真地给一些还算客观的回复。

再往后，就一概不回了。

因为我发现，这些人未必是来寻求解答的，他们只是想找一个，可以倾诉的出口。

你告诉他们什么是对什么是错，他们反而觉得你这个人，不通感情。

这件事让我想起之前我认识的一个女孩。

她在一次聚会上认识了她男朋友，相恋两年，情投意合，也是秀恩爱的典范。唯一的小问题，是男的从来不提结婚的事儿，女孩试探了几次，都被他岔开话题。

女孩心想那等等吧，反正日子还长。

结果有一次她偶然发现，她的“男朋友”已经结婚了，还有一个孩子。

这下问题就严重了。她的几个好朋友得到消息，都说要找那男的当面质问，女孩犹豫半天，同意了。大部队浩浩荡荡杀奔他们家，到楼下，她突然不走了。

要不算了吧……她说。

所有人都愣了。

我仔细想了想，女孩又说，我可以原谅他。

说完她转身就走。剩下一群人大眼瞪小眼。楼道有大铁门，一时半会儿好像也没人要进出，都是守法良民，又不能强行砸门。

最后只好散了。

之后还是有人劝女孩，这么大的事儿他都能骗你，谁知道还有没有别的没告诉你的，你怎么这么傻啊，难不成还指望他离婚和你在一起？

女孩回答，我不指望他离婚，他不告诉我，应该有他的苦衷，也许……也许他和他妻子感情不和呢？

众人无言以对。

我真的想过了，女孩又说，和他在一起很开心，我不想破坏这种感情。我给他时间，我愿意等，等多久我都愿意。

她也确实说到做到，仍然正常地和她男朋友过日子，没有戳破他的谎言。

后来？后来的事情我就不知道了，没人告诉我。

可能女孩终于明白了，离开了那个隐瞒婚姻的男人，也可能，打算一直这样下去。

那么问题来了，一个朝夕相处的人，要藏那么多秘密，不可能不露马脚，不可能没有任何蛛丝马迹。

所以她究竟是忽略了这些细节，还是“因为爱情”，选择视而不见？

我之前写过一句话，“上网买个东西，都知道要货比三家，可一面对爱情，往往却失去了理智”。

有人说可我根本没得选啊。

是啊，people mountain people sea，茫茫世界，几十亿人，遇上一个喜欢自己的已经很不容易了，还奢求什么呢？

于是他犯了严重的错误，你原谅了；他一再欺骗，你忍了；他假借出差偷偷和别人约会，你背过身，睁一只眼闭一只眼。

于是明明知道他不可能喜欢你，还是两三天送出一句问候，逢节日寄去一份礼物。

明明知道他不可能给你什么，还是坚持不离不走，希望有一天能出现奇迹。

你告诉自己，这是爱情，伟大，宽广，包容一切，不计前嫌，不计后果。

爱情说，我招谁惹谁了？！什么锅都往我身上扔？

的确，我们的选择是没那么多，但我们还可以不选。

就像你去买酱油，超市就剩了一瓶，山寨品牌，勾兑的，上头落满了蜘蛛网，生产日期都没有。你还要买吗？

回家去，今天不吃酱油不会死，明天再去超市，可能就进货了。琳琅满目，各种牌子、各种口味，只要钱足够，想买哪个买哪个。

至于那瓶山寨的酱油呢？谁要管它。

毕竟，那瓶酱油是剩下的，而你不是。

你要相信，
你还是会遇到和他一样好的人

201×年，赵西瓜在北京酒仙桥地区的某个酒吧里，对着两瓶黑啤，哭成了一个喷壶。

三个小时前，她男朋友坐上去美国的飞机，把她一个人留在了这里。

周围几个人都在劝她，旧的不去新的不来，走了就走了，不怕，咱们再找新的。

赵西瓜充耳不闻，一边哭一边含含糊糊地说什么，凑近了听，才听出来她一直在念叨，“找不到了，再也找不到了”。

靠，不知道的还以为是手机丢了。

大家还是七嘴八舌地说，不就是分个手吗，太正常了，你看我们这么多人，谁还没……

然后他们愣一下，继续说，对吧，除了大宽和那谁，谁还没分过手啊。

我和大宽默默地喝酒，不说话。

赵西瓜继续哭，哭到最后一嗓子喊出来：我就是觉得，像他这么好的人，可能再也遇不到了。

我坐在她旁边，心想，如果真的那么好，又为什么要走？

她男朋友之前对她确实不错，打不还手，骂不还口，又是一个计划性特别强的人，把赵西瓜的生活打理得井井有条。

赵西瓜对他也是全心全意，为了他，还专门去学了烘焙，时不时地烤个甜点给他吃。

我们一直觉得，这俩人估计很快就走上结婚生娃的路了。

直到有一天，男的突然决定出国留学。

他绘声绘色地给赵西瓜讲他的规划，怎么提申请，怎么报学校，怎么准备考试，考上了怎么办，去了怎么办，学完之后怎么办。

赵西瓜一开始还乐呵呵地听着，后来发现哪儿不太对。

这么多规划，从头到尾，都没有提到她。

赵西瓜小心翼翼地问，你出国了，我怎么办？

男的愣住。思索良久，才对她说，对不起。

“对不起”这三个字挺神的，有时候它是感情的调节剂，代表着不舍，说出来，可以换一场拥抱，换一场笑中带泪，换一个永远。

有时候，它代表着决绝，只能换一次心碎。

赵西瓜试过把他留下，但是没用。

男的走了，赵西瓜把该哭的哭完，还是要正常过日子。

“不想再谈恋爱了，累。”她说。

刚分手的人都爱这么说，一般而言，都说话不算话。

因为过了半年，她慢慢从前一次恋爱的阴影中走出来，又撺掇我们给她介绍对象。

没等我们给她介绍成功，她又在一次聚会上，认识了现在的男朋友。

她男朋友工作的地方离她很近，自打认识赵西瓜之后，用各种理由各种方法和赵西瓜一起下班，堪称丧心病狂。

赵西瓜正常下班，他从大门口跳出来。“你也刚下班啊？一起走吧，我们顺路。”

赵西瓜加班，他等上一两个小时，从后头拍赵西瓜肩膀。“你也加班啊？一起走吧，我们顺路。”

有一回下大雨，赵西瓜公司又赶一个项目。他没带伞，站在门卫屋子外头等，冻得手脚冰凉。赵西瓜加完班出来，看傻子一样看他。“你干吗呢？”

他笑笑，话都说不利索了。“顺、顺路。”

后来我们干脆给他起了个外号，叫“顺路”。

顺路话不多，人很随和，也不像赵西瓜前男友那样动不动就“人生规划”。赵西瓜和他在一起，一样很高兴。

这样过一年，顺路的公司业务收缩，要放弃北京的办公室，全部人员撤到成都总部。员工自由选择，还承诺，到成都后，工资和职位不变。

顺路和赵西瓜说，赵西瓜心里一惊。

她想让顺路留在北京，但这意味着顺路要重新找工作，再找到的，可能没有现在这么好。

如果确实没办法，你就去吧，赵西瓜横下心，说。

顺路想了想，吐了口气，站起来。

不去了，他说，我重新找工作。

他干脆辞了职，奔波两个月，终于进了一家新公司，赚得少了一些，但留在了北京。

那天晚上，他们俩庆祝顺路的新工作。顺路两杯酒下去，拉着赵西瓜说，我现在赚得少了，别怪我，我努努力，工资涨了，还和以前一样。

我不会走的，他又说，你在哪儿，我在哪儿。

赵西瓜说不出话，只是一直在摇晃他的手。

两个月后她又和我们一起喝酒，这次不哭了，双眼有神，脸上挂着笑。

我和大宽演戏，隔着酒桌假装生离死别。

长安，我走了。大宽说。

你走吧，别想我。我说。

那我们的孩子……大宽扮演撕心裂肺。

放心，我扮演深情款款，孩子我会替你养大的。等你回来，他就会叫爹了。

哄堂大笑。赵西瓜拿杯垫扔我们。

滚蛋！她笑着喊。

我走了你怎么办？大宽还在演，就没有人对你好了！

我正要捂着心口说话，赵西瓜突然按住我。

她转头，一脸平静地冲大宽说，走吧，我还会遇到另一个人，对我像你一样好的。

周围一下安静下来，都略带惊讶地看着赵西瓜。

你们看我干什么？赵西瓜瞪大眼睛，来，喝酒喝酒。

于是交谈声重新响起来，看着赵西瓜前尘往事尽忘的样子，大家其实也开心。

只有我不是很开心，因为我被抢台词了。

所以那天我就没付钱。

人在某个或者某几个时刻，总会有一种感觉。

“我可能再也遇不到像他一样对我好的人了。”

其实都是错觉。

就像出门吃东西。今天吃了一家大盘鸡，觉得哇好好吃啊，没有比这更好吃的大盘鸡了吧。

过几天又吃一家，我的天还是这家好吃，之前那家算什么。

一个月后再吃一家，热泪盈眶心碎一地，卧槽这家简直是天堂！我曾经的时间都是怎么浪费的？

直到有一天真的去了一趟新疆，回来整个人差点儿崩溃：原来北京的大盘鸡都是狗屁啊！

感情也是一样。有个人每天都发来问候，你出门会让你注意安全，你觉得他很好，愿意和他过一辈子。

后来他走了，你大哭一场。

再后来又出现一个人，话不多，但体贴，不管你去哪儿，他都会默默地陪你去。你觉得他是对你最好的那个，谁都比不上。

可最后他也走了，你还是哭了一场。

到后来你学会了不哭，众生芸芸，山长路远，总有一个人对你好。不问得失，不求回报。

你会喜欢上很多很多个人，谈好几场恋爱，有些人会伤你的心，有些人想起来会有遗憾，但最终，你会遇到他。

他会和你一起去每一个你想去的地方。

他会和你吃遍所有的美食。

他会和你逛街、压马路，牵着你的手，认真听你说话，走累了回到家，坐在沙发上，高高兴兴看一部电影。

世事如此，很多美好，不是错过了就不再了，而是翻到下一页，重新开始。

不需要遗憾，不需要挽回。

你要相信，你还是会遇到和他一样好的人。那就像是命中注定，拒绝缺席，让你觉得，你过去所有的跌跌撞撞，都是为了这个人，做的一场铺垫。

后 记

一般来说，后记好像都是用来感谢人的。

但在啰嗦那些“感谢CCTV”之类的话之前，我想说最后一个故事。

去年一个朋友结婚，我去了婚礼现场，看着她在台上哭得一塌糊涂，也看着新郎一边红着眼眶，一边给她擦眼泪。这一年，她33岁，他35岁。

21岁，她谈了第一场恋爱，男朋友许下“以后一起在北京奋斗”的承诺，后来觉得北京生活压力太大，和她分开。

25岁，她喜欢上了公司的一个男生，暧昧了一段时间，却发现这个男生有女朋友。

她相过亲，和家里闹过矛盾，曾经怀疑自己这辈子不可能开开心心地结婚了，一直到31岁，她遇到了想嫁的人。而她想嫁的这个人，也经历过两段不成功的感情，最后遇到了她。

看着他们两个又哭又笑的样子，我突然很感慨。

很多人问过我，究竟应不应该相信爱情？如果到了别人口中的“适婚年龄”却还没遇到最爱的那个人，是继续等下去，还是听从父母的安排，“凑合”一下过一辈子？

暂且不说哪种办法最合适，“凑合过日子”真的就那么容易吗？

你必须要忍受两个人每天都没什么话说，忍受两个人兴趣爱好之间的差异，甚至有时，你还要忍受对方的冷漠、游离、不在乎，忍受回家之后，两个人各自捧着手机，面对面沉默一晚上。

相比之下，好像接着等下去，一边专心自己的事业，一边寻找那个和自己最合得来的人，反而更容易一些。

要等多久？谁知道呢。我朋友31岁才遇到她老公。我另一个朋友30岁，才谈了人生中第一次恋爱。还有很多个同事，都是30岁之后才结的婚。

那个人会在哪里出现？谁知道呢。我一个朋友是在超市结账的时候遇见他现在的老婆，还有一个朋友是在下班路上认识了女朋友，他们一度都以为，邂逅的场景应该会浪漫一些、正式一些，没想到，都是偶然。

感情这个东西，很多时候就是始料未及的意外惊喜。你以为几年都在同一个工作环境，没有机会结识新的人，可能一场招聘就把他带到你身边了；你以为生活圈子很小，周围的男生都引不起你的兴趣，可能一次朋友聚会就见到他了；你以为相亲都不靠谱，只为给父母一个交代去敷衍一下，但那天坐在你对面的，可能就是后来你最爱的人。

在这之前，等一等，又有什么关系？

没有人是不配被爱的，只是爱你的那个人，还没来罢了。

写了一整本书，我最想说的，也就是这句话。

感谢编辑大人邹同学为这本书付出的所有心力，尤其是她想的那十几个书名。

感谢惊池故事的王总，一个我见过最不像水瓶座的水瓶座。

感谢“一棵初心”团队一直以来的保驾护航，说好了，我们以后要赚大钱。

感谢我家娘子给我的所有支持，抱歉因为经常要写稿子，不能陪你坐在沙发上看电视。

最后，感谢陪伴着“烟波”这个公众号一路走到现在的每一个读者，感谢你们的每一条留言、每一次分享、每一个点赞。

我还在成长，让我们一起成长。最好到我们七老八十了，我还在不知道哪个平台上更新，你们还是习惯性地打开，手指颤颤巍巍地打两个字：沙发。

图书在版编目（CIP）数据

世界纷杂，要和对的人相爱 / 烟波人长安著. -- 南京 : 江苏凤凰文艺出版社，2018.2
ISBN 978-7-5594-1467-0

Ⅰ. ①世… Ⅱ. ①烟… Ⅲ. ①恋爱—通俗读物 Ⅳ. ①C913.1-49

中国版本图书馆CIP数据核字(2017)第298616号

书　　名	世界纷杂，要和对的人相爱
作　　者	烟波人长安
策划出品	惊池文化
出 品 人	王肃超　李格
责任编辑	姚　丽
责任监制	刘　巍　江伟明
出版发行	江苏凤凰文艺出版社
出版社地址	南京市中央路165号，邮编：210009
出版社网址	http://www.jswenyi.com
印　　刷	北京富达印务有限公司
开　　本	880毫米×1230毫米 1/32
字　　数	190千字
印　　张	8.5
版　　次	2018年2月第1版　2018年2月第1次印刷
标准书号	ISBN 978-7-5594-1467-0
定　　价	42.00元